Frank Berzbach
Die Kunst zu lesen

Weiterer Titel des Autors bei Eichborn:
Die Form der Schönheit

FRANK BERZBACH

# DIE KUNST ZU LESEN

## EIN LITERATURVERFÜHRER

ILLUSTRIERT VON ADA ROMANOVA

eichborn

MIX
Papier aus verantwortungsvollen Quellen
FSC® C014496

Dieses Buch ist auch als E-Book erschienen

Eichborn Verlag in der Bastei Lübbe AG
Originalausgabe

Umschlaggestaltung: Huyen Truong
Illustrationen: Ada Romanova
Satz: Jenna Gesse, Hamburg
Gesetzt aus der Foro und der KG Second Chances
Druck und Einband: GGP Media GmbH, Pößneck

Printed in Germany
ISBN 978-3-8479-0088-7

5 4 3 2 1

Sie finden uns im Internet unter eichborn.de
Bitte beachten Sie auch luebbe.de

*Ein Buch lesen – für mich ist das*
*das Erforschen eines Universums.*
Marguerite Duras

*Du ringst um die Einzelteile*
*deiner zerborstenen Geschichte.*
Nick Cave

# 01

# Ein Traumberuf

*für Marlene Teresa*

Ich habe meine Berufung gefunden! Der englische Autor Alan Bennett beschreibt sie so:

> *Sie erledigen Aufträge, Sie bringen meine Bücher zur Bibliothek und besorgen mir neue, Sie schlagen schwierige Wörter im Wörterbuch nach und finden Zitate für mich. (...) Sie sind Amanuensis.*

In seinem Kurzroman *Die souveräne Leserin* sagt das die Queen zu ihrem neuen literarischen Assistenten. »Amanuensis« ist ein altmodischer Begriff für eine altmodische Tätigkeit, aber Bücher sind nun einmal nicht ganz neu. Amanuensis zu werden ist mein Plan B, falls mir alles andere am Kapitalismus zu sehr auf die Nerven geht. »Dann werde ich Punk«, sagte mir ein befreundeter Autor einmal. Punks waren Kinder belesener Leute, die sich demonstrativ vulgär gaben – ich halte das für eine schlechte Idee. Ich werde lieber »literarischer Berater«. Buchmenschen bilden vielleicht die Hardcorebewegung des digitalen Zeitalters, sie sind angesichts des grassierenden Daddelns *straight edge*. Vielleicht kennen die Leser:innen der Zukunft sogar einen eigenen Dresscode, wie andere Subkulturen auch. Mein Vorschlag wären weiße T-Shirts oder weiße Hemden. (Warum, darauf komme ich zurück.) Sie haben also meine Bewerbung als Amanuensis in der Hand. Es ist nicht nur mein »Job«, sondern das Lesen und der Umgang mit Büchern bestimmen mein Leben. Ihres vielleicht auch?

Leben und Lesen nicht zu unterscheiden sorgt für aufregende Tagträume. Die zeigen eine etwas eigenartige, aber lebenswertere Welt. »Lesen heißt durch fremde Hand träumen«, schrieb Fernando Pessoa in seinem *Buch der Unruhe*. Für Buchmenschen ist das Leben ein Lesebuch, darin zu blättern erweitert den Horizont. Ich habe einen alten Mann auf dem Friedhof getroffen und ihm geholfen, die Urne seiner Frau auszugraben. Ich habe mich, ein paar Bücher zuvor, aus liebender Verzweiflung vor einen Zug in Russland geworfen. Auch an die Krimkriege erinnere ich mich gut. In Berlin habe ich lange auf die Rückkehr meiner Jugendliebe gewartet, aber als sie ankam, fühlte ich, dass diese Liebe lange vergangen war. Während eines epileptischen Anfalls hat mich ein Freund beinah ermordet. (Ich muss mich in ihm geirrt haben.) Sogar Dracula bin ich begegnet, ein Zug brachte mich nach Transsilvanien. Von dort aus fuhr ich nach Wien, traf mich mit Norah, die aus Berlin dorthin geflohen war – uns wurde übel mitgespielt! Immer wieder senkt sich eine Glasglocke über uns, die Protagonistin überlebt – nur die Autorin, Sylvia Plath, brachte sich um. Goethe wird daher immer wieder nach Italien reisen und Annie Ernaux uns durch ihre Jahrzehnte mitnehmen.[1]

Es gibt Buchmenschen. Für sie gehört der Umgang mit Büchern zur Lebenskunst, sie sind mehr als Zeitvertreib und mehr als ein »Hobby«. Literatur ist die Quelle für die Schönheit der Sprache, sie speichert die Geschichten, die unser

Leben prägen und die Sicht schärfen. Buchmenschen sind nicht »zu müde zum Lesen«, sie werden durch Lesen erst richtig wach. Da die Zeiten der bürgerlichen Bildung vorbei sind, brauchen wir keine literarischen Kenntnisse mehr, um Teil einer Oberschicht zu werden. Heute geben mächtige alte weiße Männer sogar damit an, nie ein Buch zu Ende gelesen zu haben. Ich fürchte, literarische Kenntnisse verhinderten zu allen Zeiten, Millionen anzuhäufen und Macht zu missbrauchen. Damit ist eine große Freiheit verbunden – wer gute Bücher liest, der tut das aus Eigeninteresse und ohne strategische Absicht; Lesen ist eine Passion geworden. Bücher speichern immer noch den widerständigen Moment, der immer schon in guter Kunst zu finden war. In einer Zeit kalkulierter Serienplots und endlosen Daddelns ist es revolutionär, einen Romanklassiker aus dem neunzehnten Jahrhundert zu lesen. Was wäre heute nicht provozierender, als sich längere Zeit auf eine Sache konzentrieren zu können? Die Kraft, die dadurch entsteht, öffnet die Augen.

Dennoch handelt es sich nicht um eine Flucht aus der Gegenwart; der Zeitgeist wird erst sichtbar, wenn man ihn aus gesunder Entfernung betrachtet. Wer in einer Gesellschaft mit rassistischen Strukturen die Romane von James Baldwin oder Toni Morrison entdeckt, der geht als anderer Mensch aus der Lektüre hervor. Als postmoderner Amanuensis will ich Themen, Situationen und Vorlieben sammeln, die dem Buchmenschen naheliegen. Ich werde von Lektüren und Erfahrungen berichten, um neugierig zu machen. Ich will über die Kunst zu lesen schreiben.

Lesen ist keine profane Tätigkeit. Wer sich ernsthaft den Büchern hingibt, der tritt einer Art Ordensgemeinschaft bei. Seit Jahrtausenden sind lesende Menschen miteinander verbunden, über Kulturen, Zeiten und Orte hinweg. Wer Boccaccios erotischen Geschichten folgt, der teilt etwas mit einem Autor, der vor über siebenhundert Jahren schrieb. Und er wird Mitglied im »Team Boccaccio«. Wer an Gott glaubt oder den buddhistischen Weg des Mitgefühls geht, der folgt Meistern, die vor über zweitausend Jahren wirkten. Wir wissen von ihnen, weil Menschen ihr Wirken als Zeugen erlebten und später darüber schrieben. Solch eine Verbindung eingehen zu können macht den Zauber des Lesens aus. Die Bibel sammelt Geschichten darüber, welche Erfahrungen Menschen mit Gott gemacht haben. Da diese Geschichten gefährlich sind, hat eine kirchliche Machtelite jahrhundertelang verhindert, dass die Heilige Schrift in die Volkssprachen übersetzt wurde und so jedem Gläubigen zugänglich wird. Heinrich Böll hielt die Bibel daher für ein gefährliches Buch – eine Gefahr für die Mächtigen, die Oligarchen und die Despoten. Aber es geht nicht nur um die Geschichten von Gott. Die Gesamtheit der Bücher enthält die Erfahrungen, die Menschen gemacht haben. Das ist ein großer Schatz, wir leben in einer unendlichen Bibliothek. In der steht für jeden Menschen und jeden Anlass das richtige Buch. Buchhändlerinnen und Buchhändler sind dafür da, einem bei der Suche danach zu helfen.

In dieser unendlichen Bibliothek gibt es eine Vielzahl von veralteten Regeln, die vorgeben, welche Lektüre sich lohnt. Alte, weiße, situierte, bürgerlich gebildete Herren privilegierter

Herkunft haben lange bestimmt, was lesenswert sein soll. Ich kenne zwar keinen Kanon, der schlechte Bücher enthält – ganz im Gegenteil. Im Laufe der Zeit überleben nur Bücher, die langfristig etwas Gewinnbringendes enthalten. Aber der Kanon hat leider nicht nur die Funktion, etwas weiterzugeben, sondern auch, anderes auszuschließen. Kennen Sie den Roman *Effingers* von Gabriele Tergit? Oder Irmgard Keuns *Nach Mitternacht?* Sie gehören nicht zum Kanon, vielleicht einfach deshalb, weil sie von Frauen geschrieben wurden. Die *Effingers* erzählen zudem eine jüdische Familiengeschichte, die damals niemand hören wollte. Auch James Baldwin wird heute erst entdeckt und übersetzt, er gehört zu den wichtigsten Nachkriegsautoren – aber er war Schwarzer. Lange Grund genug, ihn zu ignorieren. People of Color waren mit dem bürgerlichen Bildungsverständnis nicht vereinbar, ebenso wenig wie Frauen.

Ein Amanuensis der Gegenwart, der seine Mission ernst nimmt, muss darauf hinweisen. Er muss keine Quote einführen, sondern darf lesen, was er gern liest – unabhängig von Bedeutungszuschreibungen, Geschlecht und Herkunftskultur. Es geht gar nicht darum, alles richtig machen zu wollen. Die Aufgeschlossenheit gegenüber den ausgeschlossenen Autor:innen, den People of Color und dem früher »Abseitigen« reicht schon aus. Wer mit Büchern lebt, der muss den klassischen Kanon ergänzen. Es geht darum, die Geschichten zu finden, die sich mit dem eigenen Leben verbinden und zugleich andere Perspektiven hinzufügen, also die Bücher, aus denen man etwas lernen kann. Das können sehr alte Bücher sein! Treten

Sie nur in den Orden ein, in den Sie eintreten wollen, und vergessen Sie nicht, dass es noch eine Vielzahl anderer gibt. Nicht ohne Grund schätzen sich die Mönche und Nonnen der Weltreligionen untereinander – sie sind nicht die Ursache der Glaubenskriege. Leser:innen untereinander sollten sich verbunden fühlen, auch wenn ihr Geschmack auseinanderfällt. Sie verbindet mehr, als sie trennt. Ich fühle mich manchmal bei Lew Tolstoi wohl, manchmal bei Charles Bukowski, mit Madame de Sévigné oder Melanie Raabe. Die Zeit der Inquisition ist vorbei, der freie Leser kann lesen, was er will.

Lesen ist immer eine Flucht in die Realität. Ohne Erzählungen können wir die Vielfalt der Welt nicht verstehen. Eine Welt, in der nichts mehr erfunden wird, in der nicht mehr erzählt wird, wäre das Ende der Geschichte. Ich halte die, die an einer eindimensionalen Rationalität festhalten, für Fantasten. Wer nur am Nützlichen oder Gewinnbringenden interessiert ist – ein Homo Faber –, ist von schlichtem Gemüt. Die Eindeutigkeit ist nur eine Erfindung. Es wäre sehr bequem, wenn alles in der Logik aufgehen könnte, aber unser Kosmos gehorcht selten unseren vernünftigen Erwartungen. Romane geben uns die Ruhe und Zeit, um etwas tiefer gehend zu verstehen, auch jenseits einer einfachen Rationalität. Lesen ist dann sinngebend, wenn am Ende eines guten Buches das Gefühl bleibt: Es ist kompliziert. Der Kontakt zwischen Büchern und Menschen findet auf verschiedenen Ebenen statt. Zum einen ganz materiell: Bücher gehören zur Königsklasse der Gestaltung, Kommunikations- und Produktdesign zugleich. Sie sind Handschmeichler, ein Genuss für die Sinne. Sie haben einen Geruch, eine Haptik, wir reagieren auf sie mit einer ästhetischen Empfindung. Wenn unser Geist dann diese Reihe an Buchstaben zum Leben erweckt, kommt eine geistige, manchmal spirituelle Erfahrung hinzu.

Die tibetischen Meditationslehrer fordern dazu auf, sich auf den eigenen Atem zu konzentrieren. Wer seinen Atem zählt, der verankert seine Wahrnehmung in einem körperlichen Vorgang. Das hat heilsame Vorteile und ist zugleich praktisch: Den Atem hat man immer dabei. Die Brücke zur Literatur ist kurz – Doris Dörrie nennt ihre autobiografische Einladung zum Schreiben daher *Leben, schreiben, atmen.* Etwas Ähnliches gilt auch fürs Lesen. Bücher sind Objekte, auf die wir konzentriert unsere Wahrnehmung richten, wir versenken uns in ihnen – Lesen ist immer auch Meditation mit einem Objekt, dem Buch. Es ist ein stiller, wacher Vorgang. Ein Buch kann man leicht überallhin mitnehmen. Wer mit Büchern lebt, der hat immer ein Zuhause. Lesen ist stets mit Reisen und Unterwegssein verbunden, spirituell gesehen ist das Lesen eine permanente Pilgerreise. Geschichten entführen in eine andere Zeit und an einen anderen Ort. Buchmenschen sind geistig (und oft auch körperlich) unterwegs. Im Laufe dieses Buches mache ich mich auf die Suche danach, was genau einen solchen Menschen ausmacht. In der Regel fahren Lesende lieber Bahn als Auto. Während der Bahnfahrt kann man es schließlich tun. Die Ruhezone eines Zuges ist eine kulturelle Konzession an Menschen, die lesen. Als Amanuensis möchte ich Sie mitnehmen auf meine Lesereise. Dabei werde ich mich wenig um allgemeine Erwägungen kümmern, nicht an Bildungsprogramme denken oder einen neuen Kanon – Lektürevorlieben sind subjektiv. Aber in der Welt der Bücher bemerken wir auch: Subjekte sind nicht immer so unterschiedlich, wie wir meinen. Ich glaube, die Gemeinsamkeiten unter Buchmenschen überwiegen, ohne Rücksicht auf Alter, Kultur oder Geschlecht. Sich unter Buchmenschen zu bewegen verbindet.

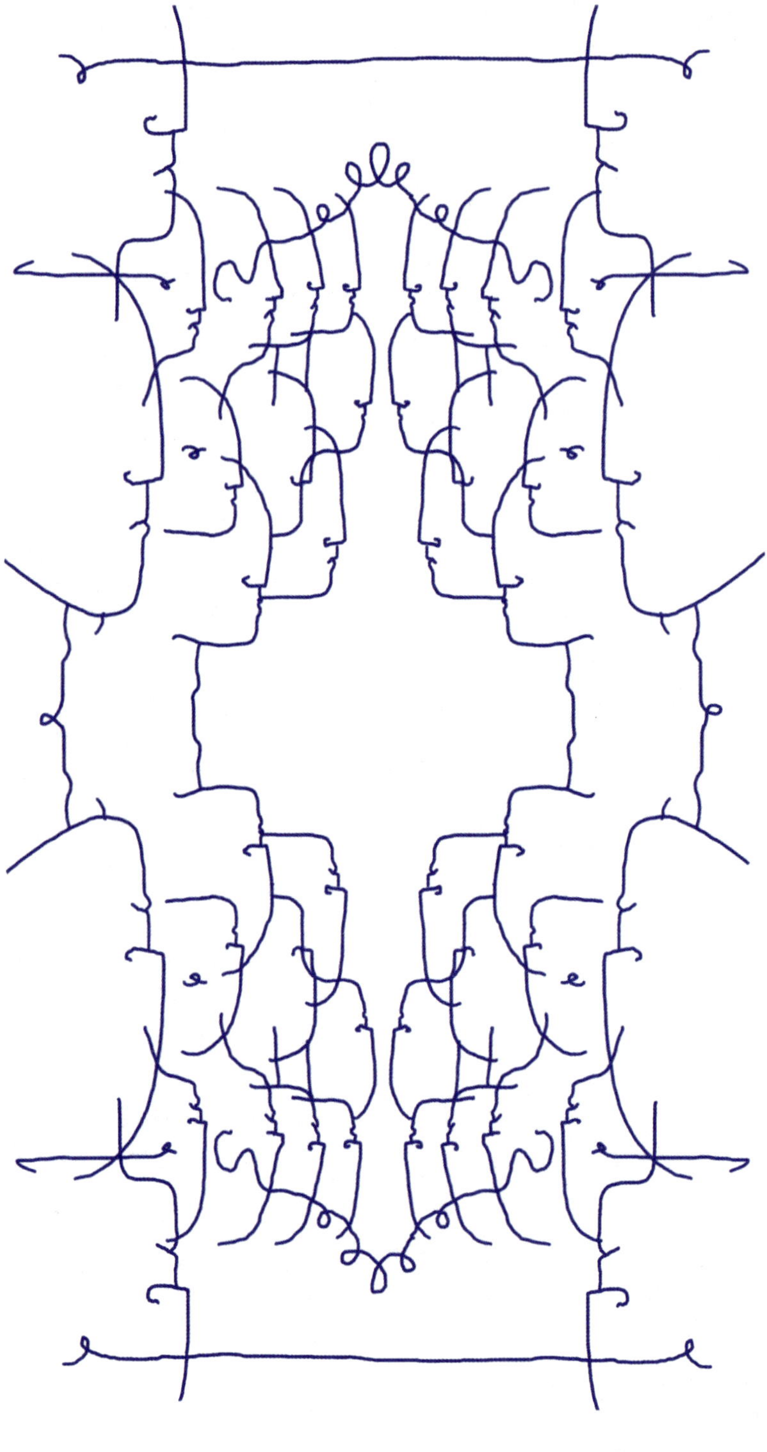

# 02

*für Maria-Christina und Florian*

# Wie man Bücher auswählt

Wo will ich lesend hin? Werde ich nackt in einem Bett in Berlin wach und folge dann mehreren Generationen durch die georgisch-deutsche Geschichte? Oder fällt mir auf, dass ein guter Freund auch bei großer Hitze immer langärmlige Hemden trägt? Wird meine Frau plötzlich Vegetarierin, obwohl ich sonst an ihr schätze, dass sie so langweilig, so gewöhnlich ist? Nehme ich eine Stelle bei dem Londoner Professor an, der ein akademischer Hauptkonkurrent meines Vaters ist?[2]

Ich schaue mir Neuerscheinungen zwar an, neige aber zu den Longsellern. Die Zeit sortiert aus, was nur als kurzfristiger Hype daherkommt. Manche Schreibenden punkten durch ihre Präsenz in den sozialen Medien, im Fernsehen und durch ihre Attraktivität. Die hält nicht lange vor, telegene Schönheit ist beliebig austauschbar, und Trendthemen verschwinden schnell. Vladimir Nabokov verglich in seinem Künstlerroman *Die Gabe* den Bestseller *Was tun?* von Nikolai Tschernyschewski mit einem frisch gebackenen Brot. Das sei unwiderstehlich, aber nur so lange, wie es warm und knusprig ist – allerdings hält diese Frische nur kurz an. *Don't believe the hype!* Schnell ist ein Buch alt und trocken. So geht es mir mit vielen »Autorinnen/Autoren der Stunde«. Schon ein halbes Jahr später wissen wir nicht mehr, wer sie waren. Andere Bücher erlangen im Laufe der Zeit eine geheimnisvolle Zeitlosigkeit. Sie sind nicht nur für den Moment geschrieben. Der Kurzroman *Kinder der Nacht* von Jean Cocteau definiert noch immer, was ein »enfant terrible« ist, seit 1929. Und Raymond Radiguet bleibt jünger und wilder als die Jugend heute, mit seinem einzigen Roman *Den Teufel im Leib* von 1923. In einer beschleunigten Zeit findet sich ein Bestseller der 1980er-Jahre noch immer in den Regalen vieler Buchläden: Sten Nadolnys *Die Entdeckung der Langsamkeit*. Das Buch scheint nicht zu altern. Ein vermeintliches Defizit – die Langsamkeit – wird zum Erfolgsrezept, und das im Rahmen einer abenteuerlichen Schiffsreise. Das Thema der Beschleunigung wird uns so schnell nicht verlassen.

Die Autorinnen und Autoren »der Stunde« wirken zwar anziehend, aber man vergisst, dass man nicht das Centerfold des Playboy-Magazins ausklappt, sondern am Ende eine Bleiwüste in der Hand hält, die man lesend zum Erblühen bringen will. Die Geschichte selbst, die Atmosphäre des Textes und die Gestaltung des Buches müssen überzeugen. Aber wir unterschätzen, welche große mediale Wirkung das Aussehen eines schreibenden Menschen auf uns hat.

Ein belesener Freund hat mir einmal einen kleinen Sonderdruck von Wilhelm Genazino geschenkt. Der behauptet, das Lesen eines Romans beginne beim Foto des Autors oder der Autorin. Und so ist es: Sehe ich dort eine alte Dame, einen alten Herren (»lebt auf dem Land in der Nähe von Paris«), eine langhaarige junge Frau mit laszivem Blick (»lebt in Berlin und

London«), einen etwas zerschundenen Vierzigjährigen (»lebt in einer Tagesklinik bei Freiburg«, »lebt in New York«)? Sehe ich die schreibenden Fernsehpromis, perfekt abgelichtet, von sich überzeugt (die Ghostwriter werden im Impressum genannt, ohne Bild!)? Es geht gar nicht nur ums Cover, es geht um das Autorenfoto. Und heute geht es um Instagram. Gegenwartsautor:innen schreiben dort ihre visuelle Biografie, daher gehe ich manchmal mit Melanie Raabe in die (fiktiven) Wälder unserer Kindheit oder folge Karen Köhlers politischer Wachheit. Ich bekomme auf meine Bücher manchmal Rückmeldungen, die sich auf meinen Instagram-Account beziehen – was einem dort begegnet, wird in meine gedruckten Texte hineingelesen. Noch stärker kann der Eindruck werden, wenn wir Schreibenden persönlich begegnen.

Als Alan Bennett die englische Queen zur Protagonistin seines Kurzromans *Die souveräne Leserin* machte, da war ihm klar, dass sie über ihr langes Leben einer ganzen Reihe bedeutender Schriftsteller begegnet war. Und sie weiß, ausgehend von ihrer aufkeimenden Leseleidenschaft, mit den Herren überhaupt nichts zu bereden:

> *Schriftstellern, so war ihr bald klar, begegnete man am besten auf den Seiten ihrer Bücher, und sie waren ebenso sehr Phantasiefiguren ihrer Leser wie ihre Romanhelden. Und sie fanden anscheinend auch gar nicht, dass man ihnen mit dem Lesen ihrer Werke einen Gefallen getan hatte. Vielmehr hatten sie einem den Gefallen getan, sie zu schreiben.*

In der Auslage eines Buchladens sah ich ein Plakat mit dem Foto von Alan Bennett und war davon so angetan, dass ich mir sofort drei seiner Bücher kaufte (es blieb nicht bei den dreien). Wenn die Bücher so sind wie dieses Porträt von ihm, muss ich sie haben. Die Rechnung ging auf. Lesen ist daher eine sehr viel visuellere Tätigkeit, als man glaubt. Bevor wir eine Zeile gelesen haben, beeinflussen uns eine ganze Reihe Bilder.

Es kann eine Bereicherung sein, Schreibende live zu erleben. Lesungen und Literaturfestivals boomen. Es kann allerdings sein, dass man nach diesem Erlebnis nie wieder ein Buch von diesen Autor:innen lesen möchte, aber das ist das Risiko jeder echten Begegnung. Ich selbst habe noch keine negative Erfahrung bei Lesungen gemacht. Ich habe einmal Rainer Kunze seine Gedichte vortragen und Günter Grass aus *Ein weites Feld* lesen hören. Auch Christa Wolf durfte ich einmal erleben, sie las aus *Medea*. Diese Erfahrungen haben mein Lesen verändert, plötzlich war eine Stimme, eine Stimmung in mir, eine spezifische Melodie, die ich dem Text vorher nicht angehört hatte. Ich fand es eine Bereicherung! Grass hätte ich gern bei der Arbeit in seiner Werkstatt zugeschaut: Kaltnadelradierungen, Ton, Zeichenfeder, Pfeife rauchend, Schreibmaschine, Füllhalter, dann erste Zeilen eines Textes. (Die erste Seite von *Die Rättin* ist in Tonplatten geritzt.)

Mir sind Fotografien von Autor:innen wichtig, in mir lösen sie etwas aus, entführen mich in die Zeit, in der die Bücher entstanden sind. Zugleich liebe ich Taschenbücher dafür, dass dort auf ein Autorenfoto oft verzichtet wird. Ich lese dann unbefangener und kann selbst entscheiden, ob oder wann ich den Namen bei Google eingebe. Das Schlimmste am Taschenbuch ist allerdings, wenn Fotos der Verfilmung aufs Cover gedruckt werden! Das zerstört meine inneren Bilder. Ob in einer androgynen Literatur der Zukunft nur noch der Nachname (oder nicht einmal der) auf dem Cover erscheinen wird? Wir lesen einfach: einen Text, eine Geschichte. Mir würde etwas fehlen. Ich verliebe mich gern in den »Paratext«, wie Gérard Genette das ganze Drumherum eines literarischen Werkes nannte, von Klappentext, Covergestaltung, Autorenfoto bis zu Werbeanzeige und Autoreninterviews. Die Verzerrung ist damit vorprogrammiert: Da wir von Tolstoi oder Dostojewski immer nur Porträts sehen, die sie als alte Männer zeigen, entsteht die Fantasie, dass sie schon als kleine Jungen einen so langen Bart gehabt haben müssen... wären sie sonst noch sie selbst? Wie James Bond scheinen Autor:innen nicht zu altern, man lässt sie gern in einem bestimmten Alter erstarren.

Moralische Vergehen von Autor:innen beeinflussen meine Auswahl. Ich kann die Philosophie Martin Heideggers nicht ernst nehmen, weil er tat, was er tat, ganz abgesehen von seiner sprachlichen Manieriertheit. Ich muss mich, wenn ich Peter Handke lese, so sehr mit dem Ausblenden seiner passiven Aggressivität beschäftigen, dass es mir den Weg zum Text verbaut. Diese konsequente Haltung ist für einen The-Smiths-Fan eine traurige Angelegenheit. Haben Sie gehört, was Morrissey von sich gibt? (Seine Autobiografie konnte ich daher nicht zu Ende lesen.) Es geht dabei nicht um Intoleranz gegenüber anderen Meinungen. Ich bin weder für die lateinische Messe noch erzkonservativ, aber dennoch schätze ich Martin Mosebach. Ich bin auch kein Kommunist, aber *Die rote Zora* von Kurt Held ist ein großartiger Jugendroman. Bei Louis-Ferdinand Céline oder Knut Hamsun – beides Faschisten – sieht es aber anders aus. Auch historische Distanz macht es nicht besser. Wie Bertolt Brecht die Frauen behandelt hat oder seine Lobgedichte auf Stalin kann ich nicht vergessen, wenn ich seine Liebesgedichte lese. Milder und verzeihlicher sind unsympathische Einzelvergehen: Wie Virginia Woolf im Tagebuch über ihre Bediensteten schreibt! (Es ist allerdings ihr Tagebuch, also nicht etwas Öffentliches.) Wie bissig Theodor W. Adorno über Kollegen schrieb! (Briefe sind allerdings Privatsache.) Erich Kästners Frauenbild – es ist schlimm, entweder sind sie Mütter oder Schlampen. Und das denkt ein Mann, der ein Doppelleben geführt hat und zwei Ehen zugleich lebte. Aber seine *Lyrische Hausapotheke* bleibt eine heilsame Lektüre. Tolstois Nachwort zur *Kreutzersonate* – wie ihn jemals wieder lesen? Leben und Werk sind nicht eins, aber Leben und Werk gänzlich zu trennen ist falsch. Es gibt zwei Themen, die kann ich nicht ignorieren: Antisemitismus und Frauenfeindlichkeit. In keiner Epoche gab es eine Verpflichtung dazu, Frauen oder Juden zu hassen. Und Männer, die das taten, sagen etwas über sich – nicht über das »andere Geschlecht« oder eine andere Religion. Leider haben abwertende Aussagen dennoch viel Leid erzeugt – weil andere nicht konsequent genug widersprochen haben. August Strindberg war schon zu Lebzeiten in ganz Europa als Frauenhasser berühmt; aber warum nennen wir ihn dennoch einen Klassiker? Die selektive Wahrnehmung, das schnelle Entschuldigen destruktiver Anteile müsste man diskutieren; ich selbst sehe ungern darüber einfach hinweg. Antisemitismus und Frauenfeindlichkeit werden im Bildungsbürgertum oft lächelnd übersehen (aber wehe, jemand ist Antifaschist).

Lesezeit ist Lebenszeit, das erhöht den Druck auf die Wahl. Altes ist nicht besser als Neues, nur ist es besser sortiert. Aber auch in der Gegenwart lässt sich erahnen, was bleiben wird. Romane von Nino Haratischwili, Don DeLillo, Hanya Yanagihara, Han Kang oder Zadie Smith werden wir nicht wieder los, sie hinterlassen bleibende Spuren im literarischen Gedächtnis. Sehe ich Menschen *Ein wenig Leben*, *Von der Schönheit* oder *Unterwelt* lesen, möchte ich sie ansprechen, um eine Erfahrung zu teilen. Das habe ich auch gelesen, dort war ich auch! Das gefällt mir an Bookstagram: Ich kann auf dem Account sehen, was jemand gelesen und gemocht hat. Als ich zum ersten Mal mit Florian Valerius – dem »literarischen Nerd« – sprach, da wusste ich schon, welche Bücher in den Regalen seiner inneren Bibliothek stehen. Wir haben beide einen kleinen Schrein für Haruki Murakami, und solche Gemeinsamkeiten sind nichts Oberflächliches, sondern sie weisen auf andere hin. Wir lieben beide die Musik von Lana Del Rey und Cigarettes After Sex.

Wie kommen die Bücher zu mir? Oft bringt mich das Buch, das ich lese, zum nächsten. Wenn mir jemand gefällt, will ich mehr von ihm oder ihr lesen – oder gleich alles. Das Bedürfnis, nicht nur ein Buch, sondern ein Gesamtwerk zu lesen, habe ich immer wieder; wie bei Olga Tokarczuk oder Alan Bennett. Manchmal zeigen die Bücher direkt auf das nächste:

Der *Nachtzug nach Lissabon* hat mich an Fernando Pessoa erinnert. (Dann bemerke ich, dass es eine neue, ungekürzte Übersetzung gibt, und kaufe mir das *Buch der Unruhe* noch einmal.) Und dann lese ich irgendwo, dass José Saramago einen Roman über Pessoa geschrieben hat. Ich gehe ständig in gute Buchläden, weil dort dieser Prozess unterstützt wird. Ich nehme Bücher in die Hand und lese die erste Seite. Der erste Satz ist unbestechlich:

> *Der Himmel hängt tief, er sieht aus, als müsse er sich sofort hinlegen.*

Wer das Wetter in Hamburg kennt, weiß, wie wahr dieser Romaneinstieg in *Revolverherz* von Simone Buchholz ist. Ihre Heldin Chastity Riley meint man persönlich zu kennen, solche Gestalten laufen auf St. Pauli herum. John Cohen, der Buchhändler, der mir den Roman in die Hand gedrückt hat (obwohl ich nie in die Krimiecke schaue oder vielleicht genau deshalb), kennt Orte und Menschen, die Eingang in diese Bücher gefunden haben. Sich einen Stadtteil erschließen, das geht am besten über Geschichten. Inzwischen habe ich die Autorin kennengelernt, und eines Nachts liefen wir, nach zu viel Wein, zusammen zurück Richtung Wohlwillstraße. Simone erzählte mir zu jedem zweiten Haus, an dem wir vorbeikamen, eine gute Anekdote. Ich gehe nun ganz anders durch diese Straßen, und ich lese ihre Romane anders. Die Autorin, der Kiez auf St. Pauli, ihre Charaktere und Geschichten schieben sich für mich ineinander. Erst Geschichten machen einen Ort bewohnbar.

Sie öffnen die Augen. Nur Nicht-Orte haben keine Geschichten, kein Gedächtnis.

Wenn Bücher zu Orten Bezug nehmen, die mich interessieren, greife ich zu. Ein Buch eines Pfarrers, der seit achtzehn Jahren seinen Dienst tut, hätte mich nicht unbedingt interessiert. Aber Sieghard Wilm leitet nicht irgendeine Gemeinde, sondern steht einer kleinen Kirche vor, die zwischen Reeperbahn und Elbe liegt. Und er lebt mit seinem Ehemann zusammen, in der kirchlichen Welt ist das leider für manche noch immer eine Provokation. Die St.-Pauli-Kirche liegt direkt am Park Fiction, einem schönen Areal zum Basketballspielen und Chillen, mit bestem Blick über die Elbe. Aber auch ein Ort, an dem sich die Dealer die Hand geben und der abends unangenehm werden kann. Ein Ort, an dem man nicht unbedingt seine Kinder aufwachsen sehen möchte. Es gibt Tage, da muss man den Sandkasten auf dem Spielplatz erst von gebrauchten Spritzen der Junkies befreien. Aber neben der Kirche hat Wilm einen wunderschönen Garten angelegt. Der Geruch des Flieders vertreibt den Gestank nach Urin, Haschisch und Alkohol. Diese Kirche ist eine Friedensinsel, ein Ort der Heiligkeit innerhalb eines schwierigen Viertels. Und das Heilsame dieser kleinen Ordnung strahlt aus. Ich musste das Buch sofort lesen, weil es auch mein Kiez ist. Einem Leser im schicken München muss es vorkommen wie der Bericht von einem anderen Planeten. Aber wir brauchen Gott in den Vierteln, die gottverlassen wirken. Hinter der groben Fassade sieht vieles anders aus (wie hinter den schicken Fassaden leider auch). Sieghard Wilm können wir in die Tiefen dieses Alltags folgen, den Karrieren von Dealern, dem Schicksal von Flüchtlingen, der Realität des Kirchenasyls und dem Leben als homosexueller Pfarrer.

Ich arbeite seit Ewigkeiten in Köln. Ich schätze Orte und Menschen dort, es gibt zwei Buchläden, die mit ihrem Sortiment kaum zu übertreffen sind. Die Paternoster im Funkhaus am Wallrafplatz sind ein literarisch bedeutender Ort. Heinrich Böll und Irmgard Keun haben der Stadt ein Denkmal gesetzt. Es ist auch die Stadt von Karl-Heinz Stockhausen und der Band CAN. Die Künstlerin Mary Bauermeister hat ein Erinnerungsbuch an ihren Mann geschrieben – *Ich hänge im Triolengitter* – und einen Einblick in eine Zeit gegeben, in der man unverheiratet im katholischen Rheinland kaum eine Wohnung bekam. Zusammen mit Stockhausen und seiner Frau lebte sie eine Ménage-à-trois. Köln war kurze Zeit ein Zentrum der kreativen Welt: Bei Mary Bauermeister hat sich getroffen, was Rang und Namen in Kunst und Musik hat. Ob Fluxus oder Popart, neue Kunst und neue Musik; man traf sich in Köln. Viele Autoren erzählen die Geschichte Kölns in ihren Büchern, ob Böll, Keun, Karl Heinz Bohrer oder Hanns-Josef Ortheil. Lesend bewundere ich die Stadt.

Von Irmgard Keun hat mich *Nach Mitternacht* so schockiert, weil sie mich in das Köln der Nazizeit entführt. Es gibt eine Szene, die ins Museum für Zitate der Weltliteratur gehört, sie spielt in der Straßenbahn. Die Fahrt vorbei am Innenhof eines Gefängnisses, die Fahrgäste hören die Schreie der Internierten, die Hinrichtung eines Mannes. Keiner weiß, wohin er vor Verlegenheit schauen soll – nur ein junger Nazi kommentiert selbstbewusst das Mordgeschehen. Wer die Passage liest und dann Straßenbahn fährt ... es kann einen nicht unberührt lassen.

Dann lese ich Bücher, weil Menschen, die ich liebe, sie mir schenken. Erst einmal bin ich skeptisch, als bedrohe das Geschenk meine persönliche Auswahl. Aber Lektüren können Liebesdienste sein – im besten Sinne. Die Lieblingsromane meiner Liebsten will ich auch lieben. Ich suche das Verbindende, nicht das Trennende. Ein Buch mit auf Reisen zu nehmen, das man geschenkt bekommen hat – mit begründeten Hintergedanken –, verringert die Sehnsucht. Man nimmt ein Herzstück mit. Ich lege es aufs Kopfkissen im Hotel, neben das kleine Stück Schokolade.

# 03

*für Tinti*

# Von Hotels und Briefen

Für Buchmenschen sind Hotels Sehnsuchtsorte. Sie wecken die Fantasie, sind ruhige Leseorte, aber ich verbinde mit ihnen auch eine bedrohliche Einsamkeit. Meine letzte Reise führte mich nach Portugal. Ich hatte Bücher dabei, die dort geschrieben wurden. In José Saramagos Roman *Das Todesjahr des Ricardo Reis* kehrt ein Arzt, der lange in Brasilien gelebt hat, nach Lissabon zurück. Grund ist der Tod des von ihm bewunderten Dichters Fernando Pessoa. Er mietet sich in ein Hotel ein und flaniert durch die Melancholie der Gegenwart; plötzlich bekommt er Besuch vom verstorbenen Pessoa. In ihren Gesprächen gehen sie ihrer grübelnden, melancholischen, philosophischen Lebensform auf den Grund. Sie fahren mit der »Elektrischen«, der Lissabonner Straßenbahn, die seit 1901 verkehrt und die bis heute ihre Betrachter auf eine Zeitreise schickt. Die beiden sprechen über ihr Alleinsein.

> *Na, hören Sie mal, die Einsamkeit, Sie müssen noch viel lernen, um zu erfahren, was das ist. (...) Einsamkeit heißt nicht einsam leben, Einsamkeit ist, wenn wir nicht fähig sind, uns jemandem oder irgendeiner Sache, die in uns ist, zugesellen zu können, die Einsamkeit ist kein Baum*

*inmitten einer Ebene, wo nur er allein ist, sie ist die Distanz zwischen dem innersten Mark und der Rinde, zwischen Blatt und Wurzel. Sie übertreiben, alles, was Sie meinen, ist untereinander verbunden, da ist keine Einsamkeit. Lassen wir den Baum, betrachten Sie Ihr Innerstes, und Sie sehen die Einsamkeit.*

Pessoa war nicht gern unterwegs, in seinem *Buch der Unruhe* kann man nachlesen, dass er es schon als Zumutung empfand, in einen der äußeren Stadtbezirke fahren zu müssen. Was ihm, wie auch Ricardo Reis, abgeht, ist die Fähigkeit, sich in den Armen eines geliebten Menschen heimisch zu fühlen. Ich hingegen glaube, dass sich dort die Einsamkeit völlig aufhebt. Ich bin ein Streuner, aber nach den Stunden des Auf und Ab über die steilen Treppen in Lissabons Altstadt, die man wie ein Hochgebirge erklimmen muss, sehne ich mich am Abend nach der Wärme eines anderen Menschen. Der Blick auf den Tejo, Natas, Portwein – aber bitte nicht allein. Hätte diese Fähigkeit Pessoa und seinen Ricardo Reis gerettet?

Vicki Baums Personal hätte es nicht gerettet, schätze ich. *Menschen im Hotel* ist einer der großen Romane der 1920er-Jahre.

*Gott weiß, was für Wunder Sie erwarten von so einem Hotel. Sie werden schon merken, was los ist. Das ganze Hotel ist ein dummes Kaff. Genau so geht's mit dem ganzen Leben. Das ganze Leben ist ein dummes Kaff, Herr Kringelein. Man kommt an, man bleibt ein bisschen, man reist ab,*

*Passanten, verstehense. Zu kurzem Aufenthalt, wissense. Was tun Sie im großen Hotel? Essen, schlafen, herumlungern, Geschäfte machen, ein bißchen flirten, ein bißchen tanzen, wie? Na, und was tun Sie im Leben? Hundert Türen auf einem Gang, und keiner weiß was von dem Menschen, der nebenan wohnt. Wennse abreisen, kommt ein andrer an und legt sich in Ihr Bett. Schluß.*

In der deutschen Kultur, kurz vor ihrem Untergang, ist das Erotische kein Thema. Hans Castorp tauscht lieber mit seiner Liebsten Röntgenbilder, man vergleicht die Schatten auf der Lunge, fährt Ski durch Schneestürme und träumt von Bleistiften. Der *Zauberberg* ist kein Hotel, aber irgendwie eben doch; eins, in dem auf morbide Weise die Krankheit zum Prestigefaktor wird und an der Rezeption Krankenschwestern stehen. Das Berliner Hotel der Vicki Baum hingegen ist ein Ort für Intrigen, gestrandete Seelen, in Verzweiflung ausharrende Menschen, die sich nicht guttun. Ob es diese Hotellebensgemeinschaften heute noch gibt? Udo Lindenberg, der in einem Hotel in Hamburg lebt, wird darüber vielleicht Auskunft geben können; oder Patti Smith, die ihre frühe Zeit im legendären Chelsea Hotel in New York, in der sie zur Künstlerin wurde, in einem Buch schilderte. Wim Wenders porträtierte ein Armenhotel in den USA: *The Million Dollar Hotel*, aber in Deutschland ist das Szenario (noch) nicht denkbar. Der Filmemacher sagte einmal, er könne sich an jedes Hotel erinnern, in dem er übernachtet habe. Auch Erich Kästners *Drei Männer im Schnee* leben im Hotel. Ich war als Student neidisch auf Sartre und Beauvoir, die dauerhaft im Hotel lebten und dadurch mit den Belastungen des schnöden Alltags nichts zu tun hatten – ich kann mir die beiden nicht Wäsche waschend oder spülend vorstellen.

Nach Lesungen allein im Hotelzimmer zu sein ist furchtbar. Das geht vielen Autoren so, ich kenne nur wenige, die es ungetrübt genießen können. Mit Isabel Bogdan hatte ich einmal die Idee, eine Facebook-Gruppe nur für »Autor:innen im Hotel« zu gründen. Vielleicht kann man sich mit anderen, die auf Lesereise sind, spätabends noch verbinden? Das Smartphone und guter Empfang sind die großen Retter. Zum Lesen bin ich nach einem Auftritt viel zu unruhig. Ich verstehe die Rockmusiker, die sich Drogen und körperlichen Gelüsten hingeben. Aber die Musiker haben immerhin ihre Bandkollegen. In Roger Willemsens Buch *Musik! Über ein Lebensgefühl* liest man über die Ein-Mann-Universität des Saxofons, John Coltrane, er sei nach den Auftritten sofort allein im Hotelzimmer verschwunden. Seine Heroinabhängigkeit weist leider darauf hin, dass auch er nicht besser mit der Einsamkeit klarkam. Hört man seine Musik, erlebt man, dass er für sich und nicht für ein Publikum spielte. Ein einsamer, konzentrierter, suchender Ton. Ich habe im Hotelzimmer kein Heroin und schreibe mindestens so viel für andere wie für mich – ich schreibe zwar Tagebuch, aber auch das selten nur für mich. Vielleicht wäre das eine ideale Schreibhaltung: nur für sich schreiben, und das so gut, dass es andere bereichert.

Die Hotelzimmereinsamkeit braucht Medien, sie braucht Bücher – und ich möchte Ihnen eine bestimmte Gattung empfehlen, die ans Unterwegs- und Getrenntsein gebunden ist.

Ich schreibe noch immer Briefe, auch gern in Hotels. Daher unterscheiden sich für mich die Hotelzimmer in die, die einen Schreibtisch bieten, und die, die keinen haben. Gute Hotels haben Briefpapier auf dem Zimmer und eine Bibel in der Nachttischschublade. Mir ist das lieber als jedes postmoderne Dekor. Sich in einem Hotel an den Tisch zu setzen und von der Reise aus einen Brief zu schreiben, ihn an der Rezeption abzugeben, das hat etwas reizvoll Altmodisches. Briefe waren immer das Medium der Einsamkeit; immerhin kann man so tun, als sei der andere zum abwesenden Gespräch im Raum. Seit Jahrhunderten schreiben Reisende Briefe. Heute wundert und erfreut Briefpost die Empfänger allerdings mehr. Die digitalen Medien werten das Analoge auf. Ein sich drehender Plattenteller mit einer guten Schallplatte macht heute glücklich; in den 1970er-Jahren hingegen befanden sich viele im unerbittlichen Kampf gegen das ärgerliche Knistern. Das früher Gewöhnliche wird nun zum Ereignis – einen handschriftlichen Brief bekommen! Mein romantischer Traum: In einem Hotel wartet ein Brief »postlagernd« auf mich. In alten Romanen oder Filmen fragen Menschen, die länger im Hotel leben, ungeduldig danach, ob Post für sie gekommen sei. Das ist zwar lange vorbei, aber es taucht in Briefwechseln immer wieder auf. Bei mir enthielte die Anschrift einen heimlichen Hinweis auf die Beatles. Richte deine Post an: Hotel Pacific, St. Pauli, Hamburg. In der vierten Etage haben Anfang der 1960er die Fab Four gewohnt. Bis heute gibt es dort weder Chipkarten noch WiFi, die Zimmer sind sehr günstig. In einem altmodischen Hotel wünsche ich mir Briefpost. Da das unwahrscheinlich ist, nutze ich Bücher, um die analoge Vergangenheit herbeizuholen. Ich lese gern Briefwechsel. Das hat immer etwas Voyeurhaftes, als breche man das Briefgeheimnis.

Hannah Arendt und Karl Jaspers, Marlene Dietrich und Ernest Hemingway, Franz Kafka an seine Geliebte, James Joyce an Nora, Rahel Varnhagen, Thomas an Heinrich Mann, Simone de Beauvoir und Jean-Paul Sartre, die Briefe von Madame de Sévigné oder Charlotte von der Pfalz. Liebende schreiben sich, das ist heute nicht anders. Briefe sind allerdings aufregender als jeder »Messenger«.

Und sie sind manchmal schmerzliche Dokumente. Wie Paul Celan und Ingeborg Bachmann sich immer wieder verpassen, auf ein Wiedersehen hoffen, sich schreiben, wo sie wann wie lange sein werden, ihre Berichte über misslingende Telefongespräche. Ob der andere kommt? Man hinterlegt Gedichte oder ein Buch mit Widmung.

> *Ich möchte Deine Gedanken kennen, wenn Du diesen Brief aus der Hand legst. Denk etwas Gutes für mich!,* schreibt Ingeborg Bachmann am 5. Oktober 1958.

> *Ich soll etwas Gutes denken, sagst Du – ich denke es gerne, ich denke es so, wie Dein Brief, aus dem das Gute mit solcher Eindeutigkeit spricht, es mir vordenkt,* antwortet Paul Celan vier Tage später.

Lesend identifiziere ich mich mit beiden, zumindest bis zu dem Brief, an dem die Brüche beginnen, das Schwierige,

Hypersensible und Umsichschlagende. Kurz bin ich Zuschauer, dann aber wieder befangen. Es ist schwierig, unparteiisch zu sein. Die Sehnsucht in diesen Zeilen, die Vorsicht und Enttäuschung. Das ganze Leben und Schreiben bildet sich darin ab. Ich musste heulen, als ich den letzten Brief von Virginia Woolf las, vor ihrem Freitod, an ihren Mann:

*Liebster,*

*ich spüre mit Sicherheit, dass ich wieder verrückt werde. Ich glaube, dass wir diese schreckliche Zeit nicht noch einmal durchstehen können. Dieses Mal werde ich mich nicht erholen. Ich beginne, Stimmen zu hören, und ich kann mich nicht konzentrieren. Ich tue also, was das Beste zu sein scheint …*

Ein Blick in die Ausweglosigkeit der Depression, diese Krankheit, die einen »entseelt«, so wie die Dementoren ihre Opfer in Rowlings *Harry Potter*. Es ist ein literarisch genialer Zug, sie derart zu personalisieren – Wesen, die anderen den Kern der Seele entreißen, in dem unsere Lebensenergie wohnt. Manchmal stelle ich mir vor, wie Dementoren wie kleine Monde um meinen Kopf kreisen und ich ihnen entfliehen muss.

Wie die Bewunderung für ein literarisches Vorbild enttäuscht werden kann, belegt Klaus Manns verzweifelt-klarsichtiger Brief an Gottfried Benn: Warum wird ein lyrischer Feingeist, Vorbild für eine ganze junge Generation, zum Nazi? Mann schreibt:

*Was konnte Sie dahin bringen, Ihren Namen, der uns der Inbegriff des höchsten Niveaus und einer geradezu fantastischen Reinheit gewesen ist, denen zur Verfügung zu stellen, deren Niveaulosigkeit absolut beispiellos in der europäischen Geschichte ist und von deren moralischer Unreinheit sich die Welt mit Abscheu abwendet?*

Briefe sind Zeitreisen. Ich las einmal einen drastischen Briefwechsel in einem traurigen, altmodischen Hotelzimmer. Adorno und Benjamins letzte Briefe. Adorno im Exil, Benjamin im Internierungslager in Frankreich. Ich fühlte mich wie auf der Flucht, unbeheimatet und wartend auf eine lebensrettende Ausreisegenehmigung. Die Einfühlung in die historischen Mikromomente erweitert den Horizont, sie bringt den Schrecken nah. Ich fühlte mich zerschunden zwischen den undurchsichtigen, kalten Skeletthänden der Verwaltungsstrukturen wie in Anna Seghers' Roman *Transit*. Man darf im Hotel nicht zur falschen Lektüre greifen!

Meine Großmutter fuhr nie in den Urlaub, und ich glaube, sie hat nicht eine Nacht ihres über neunzigjährigen Lebens in einem Hotel verbracht. Als ich sie einmal nach den Feldpostbriefen meines Opas gefragt habe, sagte sie, die habe sie alle weggeworfen. Ich habe ihr, die an Altersdepressionen litt, über zwanzig Jahre lang jede Woche einen Brief geschrieben. Zuerst in ihr Haus, in dem sie allein lebte, dann in die Einliegerwohnung bei meinen Eltern, schließlich ins Altenheim. Als sie starb, zeigte sich, dass sie keinen einzigen davon aufgehoben hatte. Nicht einmal den der letzten Lebenswoche. Es fällt mir schwer, Briefe wegzuwerfen. Es fühlt sich an, als würde man jemanden beleidigen. Briefe gehören zu den magischsten Dingen, sie leben.

*Einen Briefumschlag macht man auf und zieht etwas heraus, das beißt oder sticht, obwohl es kein Tier ist.*

So beginnt der Roman *Nach Mitternacht* von Irmgard Keun. Briefe sind eigentlich nur materielle Artefakte aus Papier und Tinte, aber eben auch Archive innerer Gespräche mit anderen. Sie sind der einzige gemeinsame Augenblick, bei dem der andere abwesend ist. Wenn wir einen Brief öffnen, dann werden wir Zeugen eines fernen Moments. Wir halten die Vergangenheit in der Hand, sie ist plötzlich eine Gegenwart. Wenn man Briefe liest, ist diese ganze Vergangenheit präsent. Dietrich Bonhoeffer sitzt *jetzt* im Gefängnis. Die lange vergangene erste Liebe geschieht uns *jetzt*. Beendete meine Oma den Krieg, indem sie die Feldpost entsorgte? Und was entsorgte sie, als sie jede Woche meine Briefe wegwarf?

Saramagos Held Ricardo Reis bekommt keine Briefe, sondern Besuch von einem toten Dichter. Er lebt im Hotel, er hat ein Verhältnis mit einer »kleinen« Angestellten, das ihn allerdings nicht erfüllt. Eine Affäre mit einer Hotelangestellten, überhaupt das dauerhafte Residieren dort, solche Fantasien gehören zu einer anderen Zeit. Saramagos melancholischer Protagonist verlässt irgendwann das Hotel, trotz der Affäre. Er mietet eine kleine Wohnung. Im Hotel wird ihm die Zeit zu lang:

*Die Uhr hat so viele Stunden, wenn sie auch alle, wie man zu sagen pflegt, schnell vergehen, außer jenen, die für ausschweifende, bedeutende Episoden vorgesehen sind, wie oben demonstriert, diese aber hier sind so leer, dass es scheint, als ob die Zeiger endlos schleichen, der Morgen geht nicht vorbei, der Nachmittag will nicht vergehen, die Nacht findet kein Ende.*

Auch hier dachte ich an meine Großmutter, die immer über die Einsamkeit klagte (auch wenn sie Besuch bekam). In Romanen wird oft ausgedrückt, was wir zwar kennen, wofür wir aber noch keine Worte hatten. Je einsamer man im Hotel ist, desto stärker die Sehnsucht nach »ausschweifenden Episoden«. Im realen Leben schaut man auf das große Doppelbett, schläft aber allein auf einer Seite. Ich beherrsche mich dann eine Stunde: Nicht den großen Fernseher gegenüber dem Bett einschalten! Es wäre eine Kapitulation. Aber ich verliere den Kampf oft. Ich lasse ihn nur aus, wenn ich jemanden erreiche. Facetime, Anruf, Chat – Hauptsache Kontakt. Ein Fernseher gegenüber vom Bett ist ein tieftrauriges kulturelles Ereignis. Der geistige Todestrieb hat gegen den Eros gesiegt. Allein mit dem Hotelfernseher – ist es das, was vom Eros übrig bleibt?

Dabei liegen die Einsamkeit, die Liebe, das Pornografische und das Hotel nah beieinander, auch als Selbstbefriedigung. Der tagebuchschreibende Autor in Frédéric Beigbeders *Der romantische Egoist* notiert im Hotel, seine einzige Geliebte sei das »Adult Pay TV«. Er ist ganz entsetzt, wenn er in einem Hotel ohne Pornokanal übernachten soll. »Nach einer Lesung vor älteren Menschen sitze ich allein in meinem klimatisierten Zimmer in Stuttgart und bin deprimiert.« Und am Ende seines autofiktionalen Romans:

> *Von Zeit zu Zeit schaue ich aus meinem Hotelfenster, und jedes Mal geht die Sonne über einer anderen Stadt auf. Gute Nacht, ihr Dinge hier unten. Manchmal habe ich spätnachts das Gefühl, dass mein Handy in der Jacke vibriert, ich stürze mich darauf in der Hoffnung, dass du es bist, aber es sind nur die Bässe aus den Verstärkern, die alles zum Tanzen bringen …*

Auf diese Gefühlslagen und Sehnsüchte haben die Innenarchitekten offenkundig reagiert, zumindest in guten Hotels. Wenn ich mir eine schwarz gekachelte, ebenerdige Dusche anschaue, in deren Seitenwände kleine Halogenstrahler eingelassen sind, wer will da noch allein duschen?

Vielleicht haben deshalb der *Watchmen*-Erfinder Alan Moore und seine Frau eine erotische Hotelfantasie entworfen – in drei Bänden, Großformat, weiterhin ein Geheimtipp. *Lost Girls* liefert abstruse Sexfantasien. Drei inzwischen herangewachsene Protagonistinnen aus der Weltliteratur treffen sich 1913 in einem österreichischen Hotel. Die älter gewordene Alice (im Wunderland), Dorothy aus *Der Zauberer von Oz* und Wendy aus *Peter Pan*. Der Plot gibt Moore Gelegenheit für exzentrische und politisch nicht mehr korrekte, verstörende Sexfantasien. Der Zeichenstil ist kindlich, schon allein deshalb kann einem unbehaglich werden. Dennoch: Die Episoden sind nicht nur im Hotel verortet, sie sind hotelzimmerfähig. Sie fallen ästhetisch aus der Zeit, man blickt in eine Epoche, in der die Prüderie noch gesellschaftlich verpflichtend war. Vielleicht sind deshalb hier »Form und Inhalt Freunde«. Verstöße in Zeiten strenger Normen sorgten für erregende Gefühle, heute herrscht die große Freiheit und mündet in Prüderie. Dabei gilt noch immer, was die berühmte Sexualtrainerin und BDSM-Expertin Midori schreibt: *»Passion rules my play. (...) Sometimes pushing the social norm may be just the hottest thing you can do.«* Midoris Buch *Wild Side Sex: The Book of Kink* sollten alle lesen, die der ermüdenden Klischees und des überschaubaren Stils von E. L. James' *Fifty Shades of Grey* überdrüssig sind.

# 04

*für Huyen*

# Japan beginnt an der Ostsee

Eines Morgens wurde ich wach und hatte geträumt, meine Freundin betrügt mich. Ich hätte mich hunderte Seiten der Eifersucht hingeben können. Aber so viel Zeit, wie Swann sie seiner Kurtisane Odette de Crécy widmet, habe ich nicht. Marcel Prousts Hang zur ästhetisch vollendeten, liebessteigernden Grübelei ist zwar faszinierend, aber ich habe dennoch eine literarische Abkürzung gewählt. Wer mit *Auf der Suche nach der verlorenen Zeit* anfängt, kommt nämlich nie wieder heraus. Meisterwerke aus oder über Japan sind in der Regel wesentlich kürzer. Daher hat mich zwei längere Bahnfahrten Marion Poschmann begleitet. Auch ihr Protagonist aus *Die Kieferninseln* hat von Untreue geträumt; ihr Gilbert Silvester kommt auf eine Idee, die selbst wie eine Traumfantasie klingt. Er fährt nach dem unschönen Erwachen sofort zum Flughafen und reist mit einem One-Way-Ticket nach Japan. Bücher erfüllen Wünsche – wer will nicht, wenn er aus einem Albtraum erwacht, möglichst weit weg? So als könnte man der unbewussten Landschaft entfliehen, in der man nachts gemartert wurde. Die liegt aber leider tief im Inneren, und man nimmt sie überall mit. Das ist nicht einmal im Roman anders. Gilbert landet in Tokio, er hat Lektüre dabei, Bashōs

Reisebeschreibungen. Ich habe mir den kleinen Band neben den Roman gelegt, Japaner brauchen nicht viele Worte. Nach seinem Aufbruch schreibt Bashō:

> *Ich werde das Haus verlassen, in dem ich bislang einsam lebte. Vielleicht wird hier einmal eine glückliche und große Familie hausen.*

Von den Reiseaufzeichnungen beeindruckt, will Gilbert den Mond über den berühmten Kieferninseln sehen. Allerdings bekommt er einen Reisegefährten, so wie Phileas Fogg seinen Passepartout. An seiner Seite findet sich der depressive Student Yosa, auch er liest: einen Reiseführer zu den schönsten Orten, an denen man Selbstmord begehen kann. Das Buch ist nicht übersetzt, sonst hätte ich es mir angeschaut. (Ich gehe davon aus, dass es existiert; es passt zu meiner Vorstellung von Japan.) Der Wald Aokigahara wurde zu einem solchen Selbstmordort, weil Romanfiguren in Kultbüchern sich Ende der 1950er-Jahre dort umbrachten. Manche Bücher werden leider Wirklichkeit, ein Werther-Effekt, heute gruselt es die Menschen an den Selbstmord-Hotspots. Nachdem die Fiktion zur Realität wurde, wird sie wieder Anlass zum fiktionalen Erzählen. Der Wald ist tatsächlich voller Leichen, auf Papier und in der Realität. Gilbert und Yosa reiben sich auf ihrer Reise aneinander, bis es glänzt. Irgendwann weiß ich nicht mehr, ob ich nur der verborgenen Innenseite des Protagonisten folge, also dem suizidalen Jugendlichen im albträumenden Protagonisten. Aber für den eleganten Verlauf der Handlung, der poetischen Stille der Ereignisse, ist das gar nicht wichtig. Vielleicht muss man Lyrikerin sein, um solch ein Buch zu schreiben. Diese Reise durch Japan macht es für mich zu einem Stück japanischer Literatur. Vielleicht sollten wir das Regal umsortieren: nicht nach der Herkunft der Autor:innen oder alphabetisch, sondern nach den Orten, an denen die Handlung angesiedelt ist. Denn dieser Ort prägt die Atmosphäre, die Ereignisse, die Dialoge. Es gibt nur Regionalliteratur. *Schlachthof 5 oder Der Kinderkreuzzug* von Kurt Vonnegut ist daher zugleich ein postmoderner US-amerikanischer Roman über die Bombardierung Dresdens, aber eben auch ostdeutsche Literatur (und wie ich finde internationale Pflichtlektüre).

In japanischen Romanen ist vieles anders. In manchen geht es nur ums Essen, das Buch selbst scheint nach Sushi-Reis zu duften. In *Der Himmel ist blau, die Erde ist weiß* von Hiromi Kawakami wird permanent gegessen; diese Liebesgeschichte ist eine Geschichte über fast gar nichts. Atmosphäre und die Sicht auf Mikrokosmen des Alltags sind wichtiger als der Plot. Vielleicht ist das der Unterschied zwischen guter Literatur und Genreromanen: Atmosphäre versus Plotzwang, überraschende Verläufe statt gleichgestanzte Dramaturgie, ästhetische Empfindung statt Emotionsmanipulation. In vielen japanischen Romanen wird zusammen gegessen, danach Tee oder Sake getrunken, es wird kommunikativ geschwiegen. Die Stille und das Unausgesprochene sind ein Bestandteil dieser Romane. Mehr Zutaten sind gar nicht nötig. Selbst bei dramatischeren Ereignissen scheint es um anderes, Dahinterliegendes zu gehen, das nur angedeutet wird. Dabei geben die eigenartigen Stimmungen der Bücher uns nicht die Möglichkeit, sie einfach als Symbole für etwas Bestimmtes zu sehen. Sie bieten eine unverständliche Leere, die zum gesteigerten Lesegenuss beitragen kann. In *Der Goldene Pavillon* wird die Geschichte des Zen-Schülers erzählt, der den nahezu als heilig verehrten Tempel anzündet. Wir kommen in die Innenperspektive eines Attentäters, der der Schönheit auf so ungute Weise verfällt wie Dorian Gray. Vielleicht wird der Fanatismus der Schönheit an Glaubhaftigkeit noch verstärkt, weil der Autor kaum weniger extrem war. Er nahm sich 1970 das Leben, in einem Akt rituellen Selbstmords. Im *Goldenen Pavillon* erkundet er einen radikalen Charakter:

> *Da mein einziger Stolz war, nicht verstanden zu werden, drängte es mich auch nie zu besonderem Ausdruck, um mich verständlich zu machen. Ich glaubte, Dinge, die für andere sichtbar waren, seien vom Schicksal nicht für mich bestimmt. So wurde meine Einsamkeit immer fetter, und ich mästete sie wie ein Schwein.*

Romane wie *Der Dieb* von Fuminori Nakamura oder *64* von Hideo Yokoyama (der zehn Jahre daran schrieb) sind zwar Kriminalgeschichten, aber durch sie scheint etwas anderes hindurch: existenzielle Einsamkeit, nicht aufzuklärende Geheimnisse und interpretatorische Offenheit. Die Vergänglichkeit ist fester Bestandteil dieser Erzählungen. Die künstlerische Absicht dieser Geschichten ist nicht die Narkose, sondern die Erweckung des Geists. Die Stränge werden nicht zwangsläufig aufgelöst, und wenn, nicht so, wie wir es gewohnt sind. Diese Bücher kommen an kein Ende. Die Tiefe dieser Ästhetik wird durch die scheinbar belanglosesten Ereignisse sichtbar gemacht, oft in verkürzter Prägnanz und großer Feinfühligkeit für die wenigen, aber richtigen Worte. Japanische Romane haben selten mehr als dreihundert Seiten; und viele Meisterwerke kommen mit hundert aus. Dies gilt allerdings für einen Autor nicht, auch wenn er die kurze Form ebenfalls meisterlich beherrscht: Haruki Murakami.

In japanischen Romanen können sich Menschen über Jahrzehnte hinweg lieben, ohne sich zu begegnen. Ihr tatsächliches Zusammentreffen scheint die imaginierte Reinheit fast zu stören, oder sie wirkt geisterhaft. Ich weiß gar nicht, warum ich das so gern lese – obwohl mir selbst die Imagination nicht ausreicht. Ich selbst bin ungeduldig, habe Sehnsucht, werde nicht gern allein wach. Mit einer schönen Frau würde ich gern Bahn fahren, aber nicht in Japan. Undenkbar, dass dort jemand öffentlich telefoniert oder anderweitig herumlärmt. Erlaubt ist jedenfalls öffentliches Schlafen. (Kurz: ein Paradies ruhigen Benehmens in der Öffentlichkeit.) Ob man im Gefängnis landet, wenn man eine Hand auf das Bein seiner Partnerin legt? Oder sie küsst? Um das herauszufinden, müsste ich nach Japan reisen – was wegen meiner Tätowierungen allerdings im Alltag hinderlich wird. Erneut ein Paradox: Es ist verpönt, in der Öffentlichkeit Tätowierungen zu zeigen, man wird dezent an der Restauranttür abgewiesen; und zugleich leben seit vielen Generationen in Japan die größten Tätowiermeister.

Romantische Gefühle kommen in japanischen Romanen nicht vor. Daher sind sie fürs Alleine-Reisen gut geeignet, sie wecken keine Sehnsucht. Die buddhistische Ästhetik des Zen durchwirkt sie: Kunst sollte keine Illusionen und keine Begierden befeuern, sie sollte den Geist klären und nicht trüben. Das gibt ihr eine gewisse Nüchternheit, die Triebe werden nicht manipuliert. Die Malerei in Schwarz-Weiß wird bevorzugt, die Farbe des gezeichneten Apfels soll sich der Betrachter selbst vorstellen, um nicht zu passiv zu bleiben. Geschmack und Schönheit werden in der philosophischen Literatur Ostasiens oft als »kalte Angelegenheit« bezeichnet.

Die Leere soll den Geist aktivieren, er wird die Lücken schon füllen. Das Denken wird in Richtung des Existenziellen gelenkt.

Einen klassischen japanischen Roman liest man zum Grüntee. Oder noch formbewusster: Erst liest man, *danach* trinkt man eine Schale Tee. Es sind Bücher, die den Rücken aufrichten. Wenn man sie überhaupt im Liegen liest, dann muss es ein Futon sein. Man kann Romane danach sortieren, was in ihnen getrunken wird, und sich davon anstecken lassen. Butterbier wurde seit Harry Potter jedenfalls mehr verkauft. Ein Glas Jack Daniel's zu Hemingway und Faulkner?

Es wird auch Bahn gefahren. Der Shinkansen ist, in der futuristischen Gran Class und mit seinen vierhundertvierzig Stundenkilometern, der Traum der Ingenieure, nicht der Romantiker. In einer meiner größten Lesereisen, in Haruki Murakamis *1Q84*, wird allerdings Taxi gefahren. Der Leser wartet weit über tausend Seiten darauf, dass sich das Liebespaar, um das es geht, endlich begegnet. Die Leidenschaft wird tief in den Figuren versteckt. Sie lebt sich erst spät aus, ist aber immer anwesend. Als sich die beiden schließlich treffen, lieben sie sich endlos lange in einem Hotelzimmer, als holten sie Jahrhunderte unerfüllter Lust nach. Aber vor diesem Zusammentreffen geschieht das alles nur in Kopf und Herz – und im Leser. Es geht vielleicht gar nicht um das Spiel zwischen den beiden, vielleicht verwickelt Murakami die Figuren eher in ein Spiel mit seinen Lesern. Nicht nur die beiden werden zu obskuren Objekten der Begierde, sondern mehr noch das Bedürfnis, dass sie zusammenfinden. Murakami und seine sexuellen Obsessionen folgen der japanischen Tradition und liegen gleichzeitig quer zu dieser. In einem klassischen japanischen Werk über *Liebe und Sinnlichkeit* fand ich diese Passage:

> *Die Ehefrau sollte nicht zu lange im Bette des Gatten liegen bleiben. Nach dem Beischlaf sollte sie sich möglichst rasch auf ihr eigenes Lager zurückziehen.*

Tanizaki Jun'ichirō meint, das beschreibe gut eine Eigenheit der ostasiatischen Kultur – und mir öffnete es die Augen: Ich bin kein Japaner! Meine Vorliebe für die japanische Ästhetik, die Welt des Tees und der Zen-Buddhismus haben zeitweise zu einer gewissen Idealisierung geführt. Aber nach diesen Zeilen über die Lust, die als etwas Unangenehmes und Peinliches gesehen wird, war ich wieder auf ein Normalmaß gestutzt. Nach dem »Beischlaf« möchte ich aus den Armen einer Frau nämlich nie wieder entfliehen. Die sich langsam abkühlenden nackten Körper, eng verschlungen einschlafen, das Gegenteil von Einsamkeit.

Was würde Haruki Murakami dazu sagen? Seine Helden lieben leidenschaftlich und oft. Aber selbst bei ihm fällt mir auf, dass der sexuelle Akt in seinen Romanen oft in Träumen oder auf magisch-imaginäre Weise stattfindet. Aomame und Tengo in *1Q84* finden zum Glück irgendwann in ihr Hotelzimmer, der Ort passt, wie gesagt, zu den Fantasien der Buchmenschen.

Einsamkeit und Briefe, siehe oben, finden sich auch in einem der für mich größten Kunstwerke japanischer Literatur. Vielleicht darf hier zum ersten Mal der eigenartige Begriff »Lieblingsromane« erwähnt werden, zu denen es für mich zählt. Am Ende dieses Buchs findet sich meine persönliche Hitliste. Meine Vorliebe für diesen Roman hat auch ein bisschen damit zu tun, dass mein Großvater und Vater Jäger waren. (Bin ich deshalb seit fünfundzwanzig Jahren Vegetarier?) Der Erzähler in *Das Jagdgewehr* ist Dichter und veröffentlicht, auf die Bitte eines alten Freundes hin, in einer Jagdzeitschrift ein Gedicht. Er selbst hat keinerlei Bezüge zum Thema, und er beschreibt einen langsam auf einen winterlichen Berg steigenden Jäger und dessen existenzielle Einsamkeit. Plötzlich bekommt der Erzähler Briefpost – ein Leser hat sich in diesem Gedicht wiedererkannt. Was in dem Brief steht, wäre die erste Frage – aber nicht für die japanische Ästhetik. Sondern: Was sagt der Briefumschlag? Die Verpackung ist ebenso wichtig wie das Geschenk. Die Geschichte beginnt vorher, bei der Form selbst. Der Erzähler betrachtet den Briefumschlag, bevor er ihn öffnet, und bemerkt zur Handschrift des Absenders:

> *Josuke Misugis riesige Schriftzeichen drohten von dem Umschlag geradezu herabzuspringen. Sie wirkten großzügig, prachtvoll und verrieten erstaunliche Geschicklichkeit, aber ich fühlte, während ich sie betrachtete, aus jedem von ihnen unerwartet eine seltsame Leere dringen …*

Ein Brief beginnt nicht bei seinem Inhalt, Inhalt und Form lassen sich nicht trennen. Der Briefumschlag, die Handschrift, das Papier sprechen, und sie wecken ästhetische Empfindungen.

> *(…) ich entdeckte in dieser Schrift eine seltsam ausdruckslose Kälte und eine Gleichgültigkeit, die mit der Schlichtheit der Reife nichts gemein hat. Mit anderen Worten, ich spürte deutlich, dass er sich auf seine Geschicklichkeit durchaus nichts einbildete, hier vielmehr eine starke Persönlichkeit modernen Stils zum Ausdruck kam, frei von jener banalen und peinlichen Atmosphäre der Schreibkünstler.*

Mich hat diese Passage des ersten Kapitels sehr eingenommen, vielleicht, weil mir Handschrift sehr viel bedeutet. Ich hatte von der Grundschule an dafür beste Noten, und noch im Fachabitur wurde ich dafür gelobt. Das Schreiben mit der Hand ist eine Quelle meiner Kreativität. Sich über die Handschrift anderer Gedanken zu machen, sie zurückhaltend zu deuten, sich überhaupt damit zu beschäftigen, dies bringt selbst eine gewisse Poesie mit sich. Mein größtes Glück dazu sind die Briefe, die mir ein Schweizer Aquarellmaler seit Jahren schreibt:

Hanspeter Fiechter. Es sind große Umschläge mit kalligrafischen und aquarellierten Zeichen. Er hat sich beim Zoll in der Schweiz einmal beschwert, als er erfuhr, dass dieser einen trivialen Aufkleber auf einem vollendet gestalteten Umschlag angebracht hatte. (Das Motiv der Briefmarke war malerisch weiter ausgeführt worden ...) Seither kommen die Briefe tatsächlich ohne Aufkleber bei mir an! Die Schweiz ist ein sympathisches Land mit Neigung zur ästhetischen Sensibilität.

Zurück zum Jäger, der sich in dem Gedicht erkannt hat. Er sendet dem Dichter drei weitere Briefe, die er selbst bekommen hat: einen von seiner verstorbenen Geliebten, einen von deren Tochter und einen seiner Ehefrau, die ihn verlassen hat. Das nur hundertseitige Buch besteht aus diesen drei Briefen, die das Leben des sich in einem Zufallsgedicht wiedererkennenden Lesers aus der Sicht der drei Frauen offenlegen. Zwischen unerfüllter und heimlich erfüllter Liebe, endloser Einsamkeit und Leere, Geheimnissen und kleinen, aber tiefen Lebensereignissen. In den wenigen Seiten dieses Meisterwerks findet sich mehr als in manchem siebenbändigen Zyklus. Wir erfahren einiges über den Jäger, seine Geliebte Saiko zitiert ihn:

*Liebe ist Besessenheit! Es ist doch nichts Schlechtes, dass ich von der Leidenschaft für Teeschalen besessen bin! Wer könnte böse sein, wenn ich von der Liebe zu dir besessen bin!*

Vielleicht irritiert es, dass die Liebe zu einem Gegenstand auf gleicher Ebene verhandelt wird wie die Liebe zu einem Menschen. Obwohl für viele deutsche Männer ein Auto leider mehr ist als nur ein Fahrzeug, würde selbst der Autonarr wohl nicht sagen, weil er seinen fahrbaren Untersatz so sehr liebe, dürfe er auch eine Frau ebenso sehr lieben. Aber das wäre zu westlich gedacht. Tee und Teekeramik sind eine nahezu heilige Angelegenheit in Ostasien, seit Jahrhunderten wird darüber geschrieben, die »Teeliteratur« ist eine ganz eigene Gattung (und sie findet sich später als eigenes Kapitel).

Die Hochliteratur Japans wurde vor tausend Jahren von gebildeten Hofdamen erfunden. Das verwundert etwas, weil die japanische Gegenwartsliteratur nicht gerade von einem fortschrittlichen Frauenbild erzählt, sondern von einer konservativen Gesellschaft. Es herrschen immer noch strikte Dresscodes, vor allem für Frauen, die nicht »unweiblich« aussehen dürfen. Die Romane von Mieko Kawakami oder Sayaka Murata erzählen von diesen merkwürdigen Zuständen. Aber sowohl *Die Geschichte vom Prinzen Genji* als auch das herausstechende *Kopfkissenbuch einer Hofdame* wurden von Autorinnen verfasst. Wenn ich in diese vergangene Epoche blicke, bin ich bestürzt über die Vulgarität heutiger Oligarchen, die sogar in demokratischen Ländern an die Macht gewählt wurden. (Also eigentlich bin ich bestürzt über die Millionen Wähler:innen.) Der Kaiserhof in Japan um das Jahr 1000, an dem Sei Shōnagon als Hofdame ein gutes Leben führte, war kein patriarchales Tollhaus. Die Kaiserfamilie führte, wie Mamoru Watanabé schreibt, »ein genussreiches Leben und hatte nichts anders im Sinn als Schönheit, Liebe, Kunst und Literatur.« Könnte man das über einen Weltherrscher der letzten Dekade schreiben? Wer die Nähe zur Macht in dieser friedlichen Epoche Japans suchte, der musste belesen und feinsinnig sein – wie sich sonst in einer so kultivierten Umgebung des Kaiserhofes bewegen? Ein gebildeter Mann im mittelalterlichen China und Japan kannte sich aus mit den Kunstwegen, der Teezeremonie, der Kalligrafie und Dichtung bis hin zum Blumenstecken, alles durchdrungen von einer Sensibilität für sublime Schönheit. Es galt als Zeichen gelungener Männlichkeit und Reife, Gedichte schreiben zu können! »Es war eine Zeit, in der die Liebe und die Schönheit Alleinherrscherinnen im Leben waren«, schreibt Watanabé im Vorwort zum *Kopfkissenbuch*. Es handelt sich um keinen Roman, sondern um »Zuihitsu« – eine Gattung, die eine Sammlung heterogener Notizen, Beobachtungen und Gedanken bezeichnet. (Ein wenig inspirierte mich diese stilistische Freiheit auch für das vorliegende Buch.)

Die Autorin bekommt einen Stapel wertvollen Papiers geschenkt und fragt sich, was sie damit anfangen soll. Sie nimmt es als Kopfkissen – und schreibt auf, was man sonst nur seinem Kopfkissen anvertraut. Dass wir diese Texte auch nach über tausend Jahren noch mit Bereicherung lesen, ist atemberaubend. Dies resultiert vor allem aus einer ästhetischen Besonderheit Japans. »Das, was man als schön bezeichnet, entsteht in der Regel aus der Praxis des täglichen Lebens heraus«, lautet eines der berühmtesten Zitate aus dem *Lob des Schattens*, dem Standardwerk japanischer Ästhetik. So finden sich im *Kopfkissenbuch* eben keine Schlachtenszenarien, politische Ränkespiele oder philosophische Diskurse, die alle zeitgebunden sind. Shōnagon notiert abends kurz auf ihr Kopfkissenpapier, was ihr durch den Kopf geht:

> *Wenn ich fast täglich meine Gedanken zu Papier bringe, denke ich oft, es wäre besser, nichts aufzuzeichnen, und auf keinen Fall sollten Fremde mein Skizzenbuch zu Gesicht bekommen; denn ich schreibe alles nieder, was mir in den Sinn kommt, auch merkwürdige und unerfreuliche Dinge.*

Die Unmittelbarkeit des Buches, das nicht vom Kunstwillen verdorben ist, das nichts beweisen muss und auf keinen Markt schielt, ist offensichtlich zeitlos. Es gibt einen Weg, so gut für sich zu schreiben, dass es eine Bereicherung für andere darstellt (aber selten den umgekehrten). Und obwohl wir tausend Jahre danach ganz anders zu leben meinen, die Überschriften ihrer Notizen belegen, dass uns immer noch Ähnliches beschäftigt. Sie schreibt über die Jahreszeiten, Katzen und Hunde, über schlechte Manieren, Vögel, die Nacht und ihre Lieblingsfarbe, über eine Landpartie und die Schönheit des Gartens an einem Herbstmorgen, sie schreibt, worüber sie sich schämt, über schmollende Geliebte, die Freundschaft, Regenschirme und Briefe. Unter der Überschrift *Worauf man mit Ungeduld wartet* liest man: »Man hat ein Kleid bestellt, und es eilt einem.« Das ist in Zeiten von Onlineshopping aktueller denn je! Was uns mit der Autorin über die Zeiten und Länder hinweg verbindet, notiert sie unter der Überschrift

*Was glücklich macht*: »Viele Romanbücher haben, die noch nicht gelesen sind.«

Wir haben die Lesereise nach Japan mit Gilbert Silvester begonnen, der von einem Albtraum getrieben nach Japan flüchtet. Und am Ende des Kapitels können wir feststellen: *Japan beginnt an der Ostsee*. So betitelt ist ein Band über den Keramiker Jan Kollwitz. Er fertigt in Cismar, Ostholstein, seine Gebrauchskunstwerke in einem speziellen japanischen Brennofen. Ein solcher Anagama-Ofen wird über drei bis vier Tage durchgängig befeuert und erreicht so Temperaturen um 1300 Grad Celsius. Dazu werden durchgehend etwa alle drei Minuten Buchenholzscheite nachgelegt. Die Prozesse im Ofen selbst sind nur schwer zu steuern. Windverhältnisse, Temperatur, Luftfeuchtigkeit, Beschaffenheit des Brennholzes und der Umgebung spielen eine entscheidende Rolle. Sie beeinflussen die Art, wie die Ascheflugglasur im Ofen den eigenen Charakter der Keramik prägt. Wenn die Stücke denn diesen Vorgang überleben. Es besteht während des Brennens die ständige Gefahr, dass ein Teil oder sogar alles zerstört wird. Dazu reicht schon mangelnde Konzentration des Keramikers, der die Holzscheite ins Feuer wirft. Aber die Stücke, die den Brennvorgang überstehen, erzählen durch ihre Musterung und Form vom Prozess ihrer Entstehung. Nicht der Mensch brennt den Ton, sondern der Ofen.

Der im norddeutschen Wachholtz-Verlag erschienene Band über die Arbeit von Jan Kollwitz gibt eine Ahnung von den ganz anderen Sichtweisen des japanischen Keramikhandwerks. Kollwitz selbst hat seine Ausbildung in Japan vollendet, und er betreibt nun an der Ostsee einen der wenigen derartiger Brennöfen außerhalb des Landes. Dazu ist, über viel Förderung vermittelt, eigens ein alter Ofensetzer angereist, um einen solchen Ofen zu bauen. Im Interview spricht Kollwitz über die Ausbildungskultur in einem traditionellen Meister-Schüler-Verhältnis:

> *Jemand zu seinem Schüler zu machen, heißt nicht einfach, ihm einige technische Fertigkeiten zu vermitteln, sondern ähnelt eher der Übernahme einer geistigen Patenschaft, die eine lebenslange Bindung in wechselseitiger Verpflichtung mit sich bringt.*

Könnte man das über die Doktorväter und Doktormütter sagen, wir hätten wahrscheinlich mehr Gelehrte und weniger Wissenschaftsmanager. Die Voraussetzung, um Schüler zu werden und die Zumutungen auch durchzuhalten, ist ein unbedingter Wille zum Lernen. Allerdings bestand für Jan Kollwitz das erste Abenteuer darin, einen japanischen Meister dazu zu bewegen, einen nicht japanischen Schüler anzunehmen. Er hat es geschafft, und daher beginnt heute Japan an der Ostsee. Dort werden nicht nur meisterliche Teeschalen gebrannt, sondern die See hat auch die ersten Seiten eines deutschen literarischen Meisterwerks geprägt. Vielleicht beginnt die Literatur, wie der Mensch, auf offener See.

# 05

*für Alisa & Ada*

# Der Mönch am Meer

*Lange Wellen treiben schräg gegen den Strand, wölben Buckel mit Muskelsträngen, heben zitternde Kämme, die im grünsten Stand kippen. Der straffe Überschlag, schon weißlich gestriemt, umwickelt einen runden Hohlraum Luft, der von der klaren Masse zerdrückt wird, als sei da ein Geheimnis gemacht und zerstört worden. Die zerplatzende Woge stößt Kinder von den Füßen, wirbelt sie rundum, zerrt sie flach über den graupeligen Grund. Jenseits der Brandung ziehen die Wellen die Schwimmenden an ausgestreckten Händen über ihren Rücken. Der Wind ist flattrig, bei solchem drucklosen Wind ist die Ostsee in ein Plätschern ausgelaufen. Das Wort für die kurzen Wellen der Ostsee ist kabbelig gewesen.*

Schon im nächsten Absatz springt der Autor dieser Zeilen an die Küste vor New York, zu den Villen der rassistischen weißen Oberschicht, wo der Zugang zum Meer für Normalbürger Eintritt kostet. Im vierbändigen Roman spielt neben der Mecklenburger Seenplatte die New Yorker South Ferry eine Rolle. Viele halten ihn, neben der *Danziger Trilogie* von Günter Grass, für den bedeutendsten deutschen Nachkriegsroman. Es ist der

Einstieg in eine längere Lesereise, in die *Jahrestage* von Uwe Johnson. In den Briefwechseln zwischen ihm und seinen Kollegen zeigt sich der schwierige Charakter des Autors. Ich stieß auf ihn durch Umwege. Meine frühe Lesebiografie wurde geprägt durch einen Bildband über die *Gruppe 47*, herausgegeben von Toni Richter. Die stimmungsvollen Schwarz-Weiß-Fotografien erzählen visuell die Geschichte der deutschen Nachkriegsliteratur. Die Fotos, die Uwe Johnson zeigen, zogen mich am stärksten an. Ein großer Kerl, verschroben und eigenartig, steif und in eine Lederjacke gezwängt, seine seltsame Nachinnengekehrtheit; konzentriert, aber zugleich abwesend blickend. Dann fand ich in einer Bücherkiste vor einem Antiquariat den Roman *Ingrid Babendererde*. Er beginnt mit dem Wort »Andererseits«! So etwas Seltsames musste ich lesen. Auf der ersten Seite dann Schnellzüge, Speisewagen und die Welt der Bahn. Ich liebe die Eisenbahn, von der Dampflok bis zum ICE. Eine von Johnsons Hauptfiguren, deren Geschichte im Roman *Mutmaßungen über Jakob* erzählt wird, ist Eisenbahn-Dispatcher (ich musste nachschlagen, was das ist). Der Roman beginnt mit einem berühmten ersten Satz:

*Aber Jakob ist immer quer über die Gleise gegangen.*

Das »Aber« irritiert genau wie das »Andererseits«; Johnsons Hintergründigkeit ist genau das, was Liebhaber seines Werkes anzieht. Der Satz deutet die Widerständigkeit des Protagonisten schon an.

Es wäre im Sinne von Uwe Johnson, wenn man die Perspektive umstellt; er hatte für Paradoxien und irritierende Sichtweisen ein großes Gespür. In den *Jahrestagen* wird eine Demonstration auf einer New Yorker Geschäftsstraße geschildert. Auf ihren Plakaten fordern die Demonstrierenden, dass Demonstrationen auf ebendieser Straße verboten werden sollten. Mir ging, als ich das gelesen habe, ein Licht auf!

Es ist nicht einfach, die Handlung der *Jahrestage* zu schildern, vielleicht weil sie selbst nicht entscheidend ist. Vladimir Nabokov sagte in seinen Vorlesungen: »Stil und Aufbau machen das Wesen eines Buches aus; große Ideen sind dummes Zeug.« Die Handlung oszilliert zwischen einem Dorf in Mecklenburg und den Hauptfiguren – Gesine Cresspahl und ihre Tochter Marie –, einer personifizierten Tageszeitung, der »alten Tante Times«, und der Generation ihrer Eltern, den Ereignissen Ende der 1960er-Jahre und zurückgreifend zwischen Weimarer Republik, Nazizeit, DDR und Prager Frühling, New York und Vietnamkrieg. Es gibt verschiedene Stimmen, zum Teil auf Plattdeutsch, und es gibt laufend Zitate aus der *New York Times*. Der Humor der Schilderungen ist hintergründig und fein. Gesine erzählt Marie die Geschichte ihrer Familie; und sie erzählt sie somit auch uns, den sich im Roman verlierenden Buchmenschen. Wer den Kalten Krieg, die Teilung in Ost- und Westdeutschland und die deutsche Nachkriegszeit verstehen will, der kann in den *Jahrestagen* in die Tiefe der komplexen Lebensverläufe eines extremen Jahrhunderts eintauchen. Die Protagonistin arbeitet in New York und fährt mit der South Ferry, sie kommt aus einem Mecklenburger Dorf, wie ihr Vater, der Plattdeutsch spricht; Johnson ist zwar kein Dichter der Weltmeere, aber sein großes, vernetztes Werk selbst ist ein Ozean.

In Berlin sah ich in der Alten Nationalgalerie einmal das Gemälde *Mönch am Meer*. Caspar David Friedrich malt Anfang des neunzehnten Jahrhunderts einen kleinen Menschen vor der göttlichen Unendlichkeit, dem übermächtigen Meer und unter gewaltigem Himmel. In der Natur zeigt sich Gott, wir sind kleine Gestalten in dieser Schöpfung. Für die außerordentliche Wirkung des Bildes reichen dem Maler nur vier Bereiche: Strand, Meer, Mensch und Himmel. Ich dachte, als ich überwältigt vor dem Gemälde stand, darüber nach, wie viele Varianten es wohl gibt, am Meer zu stehen. Schon je nach Wetter, ob mit oder ohne Begleitung, je nach Anzahl der Menschen am Strand oder der Uhr- und Jahreszeit erlebt man die See anders. Jedenfalls schaut man zwanghaft hinaus aufs Meer, als könne man dort etwas finden. Wir werden an etwas erinnert, das tief in uns liegt.

Der Philosoph Hans Blumenberg hat sich in einer seiner weltbelesenen, aber oft auch recht komplizierten Untersuchungen der Metapher des *Schiffbruchs* gewidmet. Wenn Philosophen über Metaphern nachdenken, sind sie Buchmenschen nah – Romane bestehen aus Metaphern. Es gibt Philosoph:innen mit einer Nähe zur Dichtung, entweder durch ihren poetischen Stil oder durch die Geistesverwandtschaft ihrer Themen. Solch ein Dichter-Philosoph war auch Hans Blumenberg. Obwohl es von ihm fast keine Fotos gibt, keine Interviews, nichts Visuelles, hoffe ich, dass er trotz des *iconic turn* auch im Instagram-Zeitalter weiter im Gedächtnis bleiben wird. Sibylle Lewitscharoff hat über den komplizierten Denker einen ebenso komplizierten, etwas verbildeten, hintergründig andeutenden Roman geschrieben.

Seit der Antike schauen die Menschen aufs Meer hinaus. Aber damals, so Blumenberg, markierte das Meer eine Grenze, die man nicht überschreiten sollte. Niemand begab sich freiwillig in die Hände Poseidons, der über die Meere herrschte. Im Mittelalter brachte man psychisch kranke Menschen auf »Narrenschiffe« und überließ sie auf dem Meer ihrem Schicksal. Das Meer, wie auch das Hochgebirge, waren Orte, auf und in die sich niemand freiwillig begab. Und deshalb gründete Bruno von Köln in den französischen Hochalpen die »Grande Chartreuse«, das Hauptkloster der Kartäuser – niemand folgte den Einsiedlern dorthin. In alten Zeiten verließ niemand das sichere Flach- und Festland freiwillig.

Früh blicken die Menschen hilflos, aber auch mit verborgener Schaulust auf in Seenot geratene Schiffe – der Mensch als Voyeur, der am sicheren Ufer steht. *Schiffbruch mit Zuschauer* nennt Blumenberg seine Untersuchung. Erst in der Moderne entsteht der Drang, mutig aufzubrechen und neue Welten zu entdecken. Die abenteuerlichen Seefahrerromane sind Bücher einer aufgeklärten Welt, in der man nicht mehr an Meeresgötter glaubt. Nur die Moderne kennt »Fernweh«. Buchmenschen begeben sich mit ihren Romanfiguren in künstliche Seenot, sitzen im Schoße des sicheren Ohrensessels, der schaulustig auf dem Ozean treibt. Sie sind voller aufgeklärter Neugier, und sie haben »Konquistadorentemperament«. Sie stehen am

Strand und blicken, wie der Mönch, in die bewegte Unendlichkeit großer Geschichten.

Ich kann mich an Schiffen, vor allem Segelschiffen, nicht sattsehen. Sie sind vollendete Schönheiten, etwas Mystisches umgibt sie. Der sonst so sachliche Philosoph Michel Foucault beendet seinen poetischen Vortrag über *Die Heterotopien* in den 1960er-Jahren mit einer dramatischen Passage:

> *Zivilisationen, die keine Schiffe besitzen, sind wie Kinder, deren Eltern kein Ehebett haben, auf dem sie spielen können. Dann versiegen ihre Träume. An die Stelle des Abenteuers tritt dort die Bespitzelung und an die Stelle der glanzvollen Freibeuter die hässliche Polizei.*

Das ist zwar falsch, in Österreich oder der Schweiz steht das Hochgebirge an der Stelle der Seehäfen, aber es ist radikal und poetisch – ich mag dieses Finale. Auch Romane sind Heterotopien, Gegenwelten mit eigener Ordnung, sie sind Kompensation, heilsame Illusion und sagen etwas aus über die jeweilige Zeit. Romane sind Gärten (dazu später mehr). Zivilisationen, die Bücher verbieten, sind barbarisch.

Ich selbst würde auf offenem Meer sofort seekrank, und Höhenangst habe ich auch noch; auf diesen Ausguck oben an einem Mast werde ich es also nie schaffen. Aber wofür gibt es schließlich Romane? Als Kind und Jugendlicher habe ich Modelle gebaut, meist Flugzeuge, mein älterer Cousin baute Schiffe. Das konnte ich noch nicht, wegen der komplizierten Takelage, die aus dünnen Fäden bestand. Mein Plan steht jedoch fest: Sollte ich das Rentenalter erreichen, kaufe ich mir den Modellbausatz eines großen Viermasters und verbringe Monate mit dem Hören guter Musik und dem Bauen dieses Schiffes. Es wird eine kleine Bibliothek enthalten. Ich schreibe hier nichts anderes als ein Logbuch meiner Reisen auf dem Büchermeer, die Buchläden sind meine Seehäfen. Oder schreibe ich eine Erzählung, in der ein Ich-Erzähler über Monate ein großes Schiff baut? Vielleicht sogar ein »Buddelschiff«? Ich brauche dafür nur einen Bleistift und Fantasie. Das berührt die Frage, wie Literatur überhaupt entsteht. Ich schließe mich erneut Vladimir Nabokov an:

> *Geboren wurde die Literatur an jenem Tag, an dem ein Junge mit dem Schrei »Ein Wolf, ein Wolf« gelaufen kam und er keinen Wolf auf den Fersen hatte.*

Ich war also nicht nur Technischer Zeichner und wollte Ingenieur werden (bis ich *Homo Faber* las), dann Fahrradkurier, Buchhändler und schließlich Autor – ich bin Seefahrer! Ich habe Drachen getötet. Zumindest bin ich der Kapitän meiner kleinen Schiffsbibliothek.

Romane über die Seefahrt und das Meer sind häufig mit dem Thema Inseln verbunden. Von Uwe Johnson gibt es einen Band mit *Insel-Geschichten* und von John von Düffel *Wassererzählungen*. Vom größten der Meeresdichter, Joseph Conrad, stammt eine traurige Liebesgeschichte »aus seichten Gewässern« über *Freya von den Sieben Inseln*. Die Königin der Inseln steht am Strand, und der Kapitän, der sich in sie verliebt, riskiert dafür sein Unglück. Es gibt den Schiffsoffizier *Lord Jim*, der in einer Notlage auf See moralisch versagt, oder die beängstigend-archaische Erzählung *Taifun*.

Eine der berühmtesten Schiffsreisen, 1899 erschienen, führt ins *Herz der Finsternis*. Ich war damals zufällig in London. Ein Freund, der alte Seemann Marlow, erzählte mir seine Geschichte, und der Meeresautor Conrad erzählte dem anbrechenden zwanzigsten Jahrhundert, wohin es abtreiben wird. Kein *Zeitalter der Extreme* (Eric Hobsbawm) kannte derartige Exzesse, weder zur Zeit des Römischen Reiches oder der Antike, nicht einmal im Dreißigjährigen Krieg. Das zwanzigste Jahrhundert mit seinen beiden Totalitarismen und der industriellen Vernichtung von Menschen ist auf traurige Art unvergleichlich. Die Reise in die Tiefenstruktur dieses Wahnsinns findet allerdings schon vorher statt. Wie so oft stellt der Buchmensch fest: Man hätte es wissen können! So ist es bis heute. Niemand, der Philip Roths Roman *Verschwörung gegen Amerika* gelesen hatte, konnte einen Donald Trump wählen. Aber er und seine Wähler lesen nicht – man hat gesehen, wohin das führt.

Den Flusskapitän Marlow zieht es in den Kongo, und er macht sich in Afrika auf den gefährlichen Weg achthundert Meilen flussaufwärts. Dort residiert ein Kolonialtyrann, von dem es lange keine Nachricht gab. Er schickt Berge an Elfenbein nach Europa und lässt sich von den unterdrückten Einheimischen als Gott verehren. Die Reise und die Begegnung mit dem wahnsinnigen Mr Kurtz wird zur Begegnung mit den düstersten seelischen und kolonialen Abgründen. Sie ist albtraumhaft, und sie lässt die Rückseite einer Hochkultur erahnen, auf deren Kultiviertheit wir bis heute stolz sind. Aber, so suggeriert es dieser kurze Roman: Diese Kultur gründet ebenso auf verborgener Perversion, auf ausgeblendetem Unrecht und ferner Barbarei. Conrads Reisen führen oft in diesen Abgrund der Seele. Im gleichen Jahr, aber auf 1900 vordatiert, erschien Sigmund Freuds *Traumdeutung*. Später, kurz vor der Machtübergabe an Hitler, diagnostizierte er in seinem Buch das *Unbehagen in der Kultur*, den Kampf zwischen dem lebensbejahenden Eros und dem destruktiven Todestrieb. Sigmund Freuds Schreibstil war so herausragend, dass er für den Literaturnobelpreis nominiert wurde; daher werden Buchmenschen irgendwann auf ihn stoßen – abgesehen davon, wie spannend seine Philosophien der Seele und Kultur bis heute sind. Alle Romane des schreibenden Seefahrers Joseph Conrad sind tiefenpsychologische Geschichten; die Helden navigieren auf den Ozeanen und zugleich durch seelische Innenwelten.

Meine reale Hochsee-Erfahrung beschränkt sich auf den Blick aus dem Bahnfenster während der Fahrt von Hamburg nach Westerland auf Sylt (wenige Minuten), der Bahnfahrt unter dem Ärmelkanal nach England, auf die dahintuckernde Fähre zwischen Dagebüll und Föhr (fünfzig Minuten Abenteuer) oder die von Den Helder nach Texel (zwanzig Minuten). Da soll mir erst einmal jemand das Wasser reichen! Es ist genug Seefahrt für mich; fühlen wie ein Pirat kann man sich aber immer. Eine Insel allerdings habe ich von Tyrannen befreit, beinah. Gerade die menschlich hässlichste Insel im schönsten blauen Buch meiner Schiffsbibliothek trägt den Namen die

»Schöne Insel«. Auf diese unschöne »Schöne Insel« entführte mich Karen Köhler in ihren 128 Gesängen des Romans *Miroloi*. War ich der Novize, der die Aufzeichnungen der Protagonistin fand und hortete? Die weibliche Hauptfigur lebt und leidet als Waisenmädchen auf einer Insel toxisch-fundamentalistischer Männlichkeit. Die Protagonistin weiß, dass ihr niemand eine Träne nachweinen wird, daher stimmt sie vorab ihren »Miroloi« – einen von Frauen gesungenen Totengesang – an, in dem sie uns ihre Geschichte erzählt. Sie ist Leidensweg und Befreiung, ein Zeugnis erwachenden Widerstands. Das Buch hat mich über Religion und Kultur und ihre männlich-ideologischen Abwege nachdenken lassen; oft werden ursprünglich großartige Ideen pervertiert. Das gilt auch fürs Christentum. Schaut man sich die Bergpredigt an, müssten ihre Anhänger friedfertige Vegetarier und Menschenfreunde sein. Das Motto von Hannah Arendt, welches die Autorin dem Roman voranstellt, bleibt richtungsweisend: »Kein Mensch hat das Recht zu gehorchen.« Zuerst hatte ich den Eindruck, diese Insel sei, zeitlich wie örtlich, weit weg. Sie hätte auch im *Atlas der abgelegenen Inseln* von Judith Schalansky auftauchen können, ohne dass man sie weiter bemerkt. Diese »Schöne Insel« ist uns allerdings auf beängstigende Weise nah. Sie existiert in einer von Männern gemachten neuen alten Menschenfeindlichkeit und fundamentalistischer Zwanghaftigkeit. Wie in Maria Schraders prämierter Serie *Unorthodox*, in der die Protagonistin eine New Yorker Insel orthodoxer Enge verlässt, spendet *Miroloi* den archaischen Mut menschlicher Unabhängigkeit. Egal wie mies die Rahmenbedingungen sind, selbst dann, wenn einem sogar der Name abgesprochen wird: Der Mensch ist frei, immer. Männer brauchen rohe Gewalt, um diese Freiheit einzuschränken. Aber am Ende beweist sich: *Keiner ist eine Insel*, wie der Einsiedler Thomas Merton seine spirituellen Betrachtungen über die Liebe nannte. Der Keim des Widerstandes in *Miroloi* erblüht, als die Protagonistin lesen lernt. Ihr menschenfreundlicher Waisenvater sagt ihr:

> *Hier drin ist das Alphabet, das sind alle Buchstaben, die es gibt. Daran kannst du dich schon mal gewöhnen und dir damit die Zeit vertreiben. Schau sie dir genau an, mach dich vertraut mit ihrem Aussehen. Sie sind der Schlüssel zu einer neuen Welt, und wenn du sie einmal kennengelernt hast, gibt es kein Zurück mehr, du kannst dann nicht mehr nicht lesen, nicht mehr nicht wissen.*

Das schreibschriftliche Erwachen hat mir Gänsehaut bereitet – die große Kraft des Lesens. Der andere Motor für Karen Köhlers Heldin ist die Liebe. Am Ende dieser Inselgeschichte steht das offene Meer; das Buch bietet eine weibliche *Ästhetik des Widerstands*. Auch das sieht der Mönch am Meer, wir Buchmenschen stehen mit ihm am Ufer und sehen in die Ferne. Ein wirklich Gläubiger würde allen übers Meer Flüchtenden die Hand reichen.

Während Autoren oft auf das Motiv des Abenteuers setzen und den *Schatz im Silbersee* suchen, kombiniert Virginia Woolf in ihrem ersten großen Roman, *Die Fahrt hinaus*, eine Seereise mit der inneren Entwicklung ihrer Protagonistin. Sich auf dem Meer zu befinden bedeutet, in einen anderen Kosmos zu reisen, die Realitäten des Festlandes, auf dem unser Leben stattfindet, schwinden.

> *(Es) dachten nur sehr wenige Menschen über das Meer nach. Sie hielten es für selbstverständlich, dass das Meer ruhig war; und es erübrigte sich, anders als sonst in vielen Häusern, wenn der Efeu an die Schlafzimmer pocht, dass die Paare, ehe sie sich küssten, murmelten: »Denk doch nur an die Schiffe heut Nacht!« oder »Dem Himmel sei Dank, dass ich nicht der Mann auf dem Leuchtturm bin.« Denn sie alle stellten sich vor, dass die Schiffe sich, wenn sie am Horizont verschwanden, auflösten wie Schnee im Wasser.*

Der poetische Blick auf die kleinen Ereignisse und tiefen seelischen Regungen, die Virginia Woolfs Bücher bestimmen, gewinnt der Wirklichkeit etwas ab, das nicht nacherzählbar ist. Ihre Romane sind wie aufregende Träume: Man weiß nur, da war etwas und es hat einen gefangen gehalten, berührt, verändert. Ständig möchte ich Passagen daraus abschreiben, damit diese poetische Sprache tiefer in mich eindringt. Die Handlung bietet nur die Oberfläche dieser Bücher, das Wesentliche liegt darunter. Es geht nicht um Dramaturgie oder Plot. Alles ist anders, wenn die Ereignisse auf diese sonderbar-anziehende Art geschildert werden. Die Menschen sprechen miteinander, fahren hinaus, leise oder aufgebracht. Das Meer ist mal ruhig, mal stürmisch. Diese Romane sind bereichernde Gespräche über fast gar nichts. Und vor ihnen steht ein Warnschild: »Nur für Buchmenschen«. Dahinter beginnt das Paradies wohlgesetzter Wörter.

Es gibt Bücher, in denen lese ich an meinem Geburtstag immer wieder. Als Azubi nahm ich jedes Jahr den *Steppenwolf* von Hermann Hesse zur Hand, als Student *Der Ekel* von Jean-Paul Sartre, aber heute *Die Wellen* oder *Orlando* von Virginia Woolf. Es ist eine Prosa, die vieles andere oberflächlich erscheinen lässt; im Vergleich zu diesen Romanen findet man auf den meisten anderen Schiffen nur grobe, einfallslose Klötze. *Die Fahrt hinaus* ist der innerlichste Roman auf See, mit den poetischsten Beschreibungen des Seegangs, der Schiffsgesellschaft, der Kabinen, in denen sich geküsst wird, Briefe geschrieben und Konversation betrieben. Das Leben findet statt, vielleicht kann man es so ausdrücken.

> *Der ganze Rauch und alle Häuser waren verschwunden, und das Schiff befand sich draußen auf dem weiten Meer, das sehr frisch und klar, wenn auch bleich im Licht des frühen Morgens lag. Sie hatten London auf seinem morastigen Grund sitzen lassen. Eine sehr schmale Schattenlinie verlief sich am Horizont; sie wirkte nicht, als könnte sie die Bürde Paris aushalten, die gleichwohl darauf ruhte. Sie waren die Straße los, die Menschheit los, und angesichts solcher Freiheit wurden sie alle von derselben Aufregung gepackt. Das Schiff schnitt in gleichmäßigem Tempo durch kleine Wellen, die dagegen klatschten und dann wie Sprudel zischten und auf beiden Seiten einen schmalen Saum aus Blasen und Schaum zurückließen.*

Von englischer Feinsinnigkeit weit entfernt rangiert der berühmte Roman *Moby Dick*. Hier wird die archaische Rache gefeiert, aus heutiger Sicht ist der Protagonist ein zwanghafter Psychopath. Kapitän Ahab wird von destruktiver Energie angetrieben, wahrscheinlich ist die Figur deshalb nach einem alten gottlosen König benannt. Im letzten Jahr nahm sich meine Lieblingsthrillerautorin Melanie Raabe vor, den Klassiker zu lesen. Ich bestärkte sie, aber in ihren Instagram-Storys erzählte sie humorvoll vom schmerzvollen Durchhalten. Auch ich hatte mich durch das Buch gequält. Der Roman ist, anders als die Story selbst, enorm langweilig. Vielleicht sind es die ausufernden Walfangdetails, die *Moby Dick* so in die Länge ziehen. Sie weckten im neunzehnten Jahrhundert vielleicht noch den Jagdinstinkt oder ließen an Abenteuer denken. Zum Walfang fällt einem heute nur noch die Meeresschutzorganisation *Sea Shepherd* ein; ihre Einsätze sind die größeren Abenteuer. Ähnlich wie die Bienen sind Wale mystische Wesen. Ich bewundere die mutigen Menschen auf den Schiffen, die Walfänger davon abhalten, sie zu ermorden.

Siebenundsiebzig Jahre vor der Gründung von *Sea Shepherd,* nämlich am 1. Januar 1900, findet man T. D. Lemon – genannt Novecento – als Säugling auf dem Klavier eines Passagierschiffes in einem alten Zitronenkarton. Ein Maschinist zieht das Kind auf, aber als er stirbt, ist das Kind verschwunden. Als talentierter junger Pianist taucht Novecento plötzlich auf dem Schiff wieder auf. Er spielt für die Passagiere, als hauptberuflicher *Ozeanpianist,* wie der Monolog von Alessandro Baricco im Untertitel heißt. Als eine Berühmtheit des Jazz auf das Schiff kommt, gewinnt Novecento gegen ihn sogar ein Klavierduell. Die Türen zur Karriere stehen offen –, aber dennoch verlässt er nicht mehr das Schiff, auf dem er gefunden wurde. Wer ihn hören will, muss mitfahren. Es ist ihm eine angenehm begrenzte, übersichtliche Welt. Novecento betreibt eine Art Hikikomori der Seefahrt. Keine Unendlichkeit bedroht ihn, nicht einmal die der Weltmeere. Das Schiff ist klar umgrenzt, und er wird mit diesem Schiff untergehen. Ich habe über die begrenzte Welt lange nachgedacht; wir leben wie ein Goldfisch in seinem Glas, auch wenn die Konzentrationsspanne von Buchmenschen länger ist! Verlassen wir unser Schiff, unsere Stadt, unser Land, unseren Kontinent? Der Ozeanpianist bleibt an dem Ort, an dem er geboren wurde. Gehen wir an Land? Laufen wir noch einige Zeit am Strand entlang? Sogar Strandspaziergänge können unbehaglich und lebensgefährlich werden, wie ich lernen musste.

Auf Amrum wäre ich im Hochsommer beinah einmal entseelt umgefallen. Der nordfriesischen Insel ist eine große, langsam wandernde Sandbank vorgelagert, der Kniepsand. Er ist fünfzehn Kilometer breit, bei Ebbe sind es zum Meer fast zwei Kilometer. Ich lief Richtung Wasserkante über die helle, vor Hitze flimmernde Fläche, ohne Hut und Wasser, und bemerkte, dass mir die Sonne zu Kopf stieg. Das Meer wollte nicht kommen, die Optik täuscht, wir schätzen Entfernungen falsch ein. Mir wurde schwarz vor Augen.

*Die Hitze legte sich mit ihrem ganzen Gewicht auf mich und stemmte sich mir entgegen. Und jedesmal, wenn ich ihren heißen Atem auf dem Gesicht fühlte, biss ich die Zähne aufeinander, ballte die Fäuste in den Hosentaschen und spannte mich, um über die Sonne und den dunklen Rausch, den sie über mich ergoss, zu triumphieren. Bei jedem Lichtstrahl, der aus dem Sand, aus einer gebleichten Muschel oder aus einer Glasscherbe aufschoss, verkrampfte sich mein Kiefer. Es war ein langer Weg.*

Meursault, der Antiheld in Albert Camus' Kurzroman *Der Fremde,* sitzt in der Todeszelle, er hat am Strand einen Araber ermordet. Der Grund dafür ist undurchsichtig, in einer gewissen Weise liegt es auch an der bestialischen Hitze. So irrational diese Begründung auch erscheint, es ist wohl der bekannteste Vorfall am Meer, den die Weltliteratur kennt. Es gibt den »Schwarm junger Mädchen«, den Marcel in *Auf der Suche nach der verlorenen Zeit* beobachtet, es gibt den Schiffen nachblickende traurige Figuren am Meer oder lange erwartete ankommende Seefahrer – aber Camus' *Fremder* und sein Verbrechen sind wohl das Einzige, das es – ex negativo – mit dem Mönch am Meer aufnehmen kann …

*Meine Augen waren hinter diesem Vorhang aus Tränen und Salz geblendet. Ich fühlte nur noch die Zymbeln der Sonne auf meiner Stirn und undeutlich das leuchtende Schwert, das dem Messer vor mir entsprang (…) Vom Meer her kam ein starker, glühender Hauch. Mir war, als öffnete sich der Himmel in seiner ganzen Weite, um Feuer regnen zu lassen.*

Wenn wir solche Menschen am Strand treffen können, wird es Zeit, sich aufs Meer zu flüchten. Auf dem Weg zu meiner Bibliothek auf einem Schiff von New York nach Europa begegne ich dem talentierten Tom Ripley, der wohl nicht zufällig phonetisch namensverwandt mit Tom Riddle ist. Mein schroffes literarisches Vorbild Patricia hat ihn auf das Schiff gesetzt, auf dem auch ich fuhr. Tom mag Ästhet sein und seine Frau kühl und schön, aber ich meide beide. Ich kann seine Untaten nicht ertragen, und in meiner hoffnungslosen Hoffnung war ich darauf aus, dass er geschnappt wird. Aber *poetic justice* ist für Patricia Highsmith ein Fremdwort. Ich selbst hatte keine Beweise und von dem niederträchtigen Vorfall auf dem Ruderboot nur gelesen. Jedenfalls hatte ich Tom eins voraus: Wir wollten in der Schiffsbibliothek das gleiche Buch ausleihen, und zwar *Die Gesandten* von Henry James. Auch in diesem Roman reist jemand von New York nach Europa – bei einer so großartigen Autorin gibt es keine Zufälle. Es gab den späten Roman von James nur in der Bibliothek der ersten Klasse, Ripley kann ihn nicht ausleihen, er fährt zweiter Klasse. Ich hingegen fuhr erster Klasse, jedenfalls wünschte ich mir das. Meine Realität sah anders aus, zugegeben: Ich hatte als Student den berühmten Krimi gelesen und meinte plötzlich, ich müsse auch die *Gesandten* unbedingt gelesen haben! Nur so hätte ich anderen Krimilesern etwas voraus, weil ich die subtilen Anspielungen verstehen würde. (Leseleidenschaften von Spätberufenen beginnen mit einem milden Hang zur Angeberei, meine jedenfalls.) Aber das Buch war nicht lieferbar, und die antiquarischen Ausgaben aus den 1960er-Jahren waren für mich unerschwinglich. Ich stromerte erfolglos durch die Buchläden und Antiquariate, so wie Tom übers Schiff. Manchmal wiederholt sich im Leben, was wir in Romanen gefunden haben. Das ist ein gewichtiger Grund, darauf zu achten, was man liest. Womit wir unseren Kopf beschäftigen, das wächst. Als im Hanser Verlag viele Jahre später der Roman von Henry James in Neuübersetzung endlich wieder erschien, habe ich eine Dankespostkarte abgeschickt. Und, ganz unerwartet, antwortete mir der berühmte Verleger Michael Krüger. Kleine Überraschungen motivieren ungemein.

Von Albert Camus kann man lernen, dass ein nobelpreisgewichtiges Buch keineswegs lang sein muss. Einen ebenso kurzen Roman finden wir bei einem US-amerikanischen Meister: *Der alte Mann und das Meer*. Man kann sich darüber streiten, ob Ernest Hemingway der Großstadt oder der offenen See das größte literarische Monument errichtet hat. Sein Buch *Paris, ein Fest fürs Leben* hat eine ähnliche Dimension. So ausschweifend Melville im *Moby Dick* schreibt, so kurz fasst sich Hemingway bei der Schilderung eines Kampfes zwischen einem alten Fischer und der Schöpfung. Dabei geht es nicht um Rache. Sollte der Mönch am Meer jedenfalls etwas erblickt haben, dann diesen alten Kubaner, der einen gigantischen Marlin am Haken hat. Die Bücher Hemingways haben im eigentlichen Sinne keine Handlung. Selbst wenn es dramatisch wird, nie geschieht etwas Kalkuliertes innerhalb einer erwarteten Dramaturgie. Es gibt von Hemingway keine gewollt geplottete Prosa. Die inneren Kämpfe des Fischers, die Ereignisse auf offener See, in existenzieller Einsamkeit und gegen die Naturgewalt … die kurzen, bleibenden Bücher solcher Meisterschaft bieten sich an für ein *deep reading*. Dass die Metapher der Tiefe im Gegensatz zum daddelnden, oberflächlichen *hyper reading* genutzt wird, lässt sich in den Büchern von Ernest Hemingway oder Virginia Woolf lesend ergründen. Auf der Meeresoberfläche schaukeln die Boote – aber das Entscheidende findet unter der Oberfläche statt, bis hinunter zu den Abenteuern *20.000 Meilen unter dem Meer* von Jules Verne. Irgendwann allerdings müssen wir vor Anker gehen, um nicht, wie der Ozeanpianist, mit dem Schiff unterzugehen. Zu viele Bücher lassen jedes Boot sinken. Irgendwann sehen wir einen Leuchtturm – Land in Sicht! (*Zum Leuchtturm*, ebenfalls ein Roman von Virginia Woolf.) Eine berühmte Hafeneinfahrt hat mich immer begeistert; nicht erst, seit ich in New York war:

> *Als der sechzehnjährige Karl Roßmann, der von seinen armen Eltern nach Amerika geschickt worden war, weil ihn ein Dienstmädchen verführt und ein Kind von ihm bekommen hatte, in dem schon langsam gewordenen Schiff in den Hafen von New York einfuhr, erblickte er die schon längst beobachtete Statue der Freiheitsgöttin wie in einem plötzlich stärker gewordenen Sonnenlicht. Ihr Arm mit dem Schwert ragte wie neuerdings empor, und um ihre Gestalt wehten die freien Lüfte.*
>
> *»So hoch!«, sagte er sich und wurde, wie er so gar nicht an das Weggehen dachte, von der immer mehr anschwellenden*

*Menge der Gepäckträger, die an ihm vorüberzogen, allmählich bis an das Bordgeländer geschoben.*

*Ein junger Mann, mit dem er während der Fahrt flüchtig bekannt geworden war, sagte im Vorübergehen: »Ja, haben Sie denn noch keine Lust, auszusteigen?«*

Doch, um mich vor literarischer Seekrankheit zu schützen, steige ich aus. Es fühlt sich an wie ein Sprung vom Ein-Meter-Brett. In New York begegne ich der schillernd-schrägen schreibenden Grafikdesignerin Leanne Shapton und ihrer Sammlung an Badeanzügen; sie finden sich in ihrem autobiografischen Roman *Bahnen ziehen*. In einem japanischen Schwimmbad laufe ich dem *farblosen Herrn Tazaki* von Haruki Murakami über den Weg, John von Düffel erzählt die Generationengeschichte eines Papierfabrikanten in *Vom Wasser*. Romane, die Chlorgeruch und die Erinnerung an schrumpelige Haut heraufbeschwören.

Schon vor tausend Jahren notierte Sei Shōnagon in ihrem *Kopfkissenbuch* erschrocken die »Tücken des Meeres«. Es sei auf dem Meer immer Grund zur Besorgnis, und vielleicht solle man nie eine Seereise antreten. Schon eine gewöhnliche Reise könne gefahrvoll sein.

*Es mag dabei allerdings beruhigend sein, dass man stets, was auch passieren mag, festen Boden unter den Füßen behält.*

Wir waren lange im Wasser. Aber nur, wenn man das Meer verlässt oder über den Beckenrand nach oben klettert, nur dann können wir – *Einfach losgehen.* Nur ein Schritt, eine Seite weiter, und wieder ist fester Boden unter den Buchstaben New Yorks.

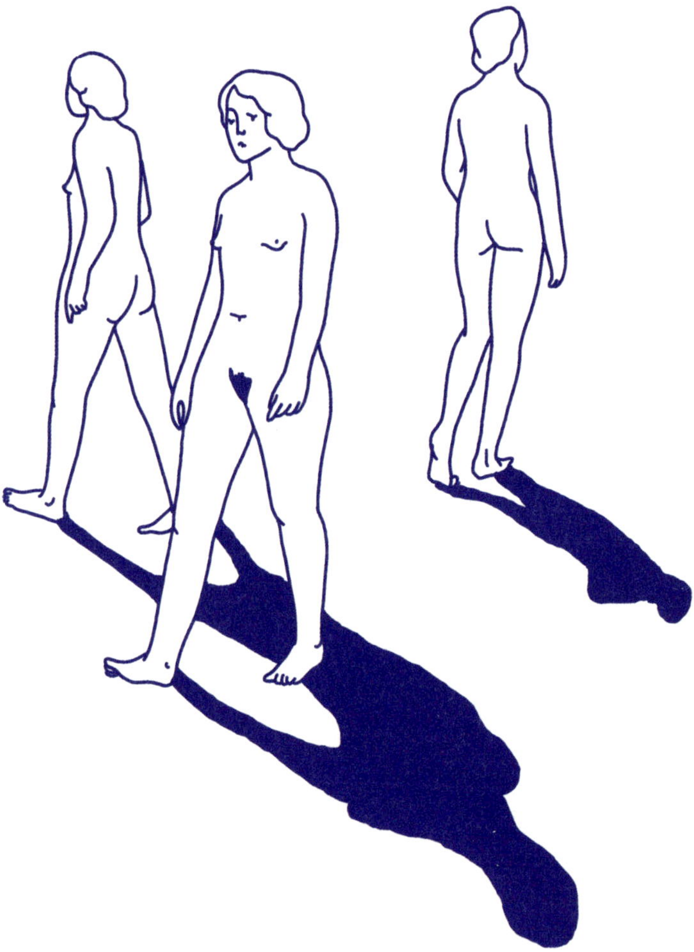

# 06

*für Jenna*

# Einfach losgehen

Ist Ihnen aufgefallen, was mit der Freiheitsstatue bei Kafka nicht stimmt? Wir betreten dennoch New York und begegnen ein Buch weiter einem Stadtwanderer:

> *Die Spaziergänge erfüllten ein Bedürfnis: Sie erlösten mich von der Atmosphäre strenger Reglementierung bei der Arbeit, und als ich ihren therapeutischen Wert einmal erkannt hatte, wurden sie zur Normalität, und ich vergaß, wie mein Leben gewesen war, bevor ich damit begonnen hatte.*

Julius, der Erzähler in *Open City* von Tejo Cole, streift durch New York, beobachtet die Vögel, gibt sich der Gedankenverlorenheit hin, findet seinen Rhythmus im Großstadtdschungel und wird zum glücklichen Landvermesser.

> *Ich durchquerte die Viertel, als wollte ich sie mit meinen Schritten vermessen, die U-Bahnhöfe dienten als Leitmotive meiner ziellosen Bewegung.*

Coles Roman fängt die Atmosphäre der vielfältigen Stadt ein, und er presst sie nicht in eine schlichte Handlungsfolge. Der Autor erzählt von einer Stadt, ihrem Leben und wie es die Menschen durchdringt. Der Erzähler Julius hat nigerianisch-deutsche Wurzeln, hört europäische Klassikradiosender, arbeitet als Psychiater und erläuft sich sein Territorium. In seiner Tasche befinden sich vielleicht *Die Ausgewanderten*. Er klingt nämlich wie einer der melancholischen deutschen Wanderer von W. G. Sebald, nur in einer lebensbejahenden New Yorker Variante. Er ist auf die Gegenwart bezogen, eher kühl und skeptisch als traurig und langsam, er leidet nicht am düsteren Schatten der Vergangenheit, sondern am Jetzt. Nicht die Historie, sondern seine Herkunft verfolgt ihn. Julius, wie auch Sebalds Protagonisten, strahlt Ruhe aus – und das ist ein angenehmes Paradox am Gehen: Es ist eine Bewegung, die Stille verbreitet; im gelassenen Rhythmus wird der Geist zum schweifenden Ruhepol. Wie würden Tejo Cole und W. G. Sebald zusammen durch die Nacht laufen? Sie würden wenig reden, nur ab und zu über die Vergangenheit, über das World Trade Center, über den Hochseilartisten Philippe Petit, über Lektüre: Im Roman *Die große Welt* von Colum McCann wird der Mann porträtiert, der zwischen den Twin Towers ein Seil auf über vierhundert Meter Höhe spannte – und dann darüberlief. Der Abgrund klafft noch immer, obwohl nur noch der Ground Zero existiert; aber Sebald erspürt in allem die Historie. Philippe Petit hat mit seinem Seilakt ein irrationales großes Kunstwerk geschaffen. Vielleicht reden Sebald und Cole über die Drahtseilakte der Gegenwart, den »Sonnenuntergang über New Jersey«, oder sie würden »durch die Schatten auf der Eastside schlendern und nach Queens hinüberschauen«. Sie bewegen sich auf den *Ringen des Saturn*. Warum macht den deutschen Autor das Gehen so traurig?

*Im August 1992, als die Hundstage ihrem Ende zugingen, machte ich mich auf eine Fußreise durch die ostenglische Grafschaft Suffolk in der Hoffnung, der nach dem Abschluss einer größeren Arbeit in mir sich ausbreitenden Leere entkommen zu können. Diese Hoffnung erfüllte sich auch bis zu einem gewissen Grad, denn selten habe ich mich so ungebunden gefühlt wie damals bei dem stunden- und tagelangen Dahinwandern durch die teilweise nur spärlich besiedelten Landstriche hinter dem Ufer des Meeres. Andererseits jedoch erscheint es mir jetzt, als ob der alte Aberglaube, dass bestimmte Krankheiten des Gemüts und des Körpers sich mit Vorliebe unter dem Zeichen des Hundssterns in uns festsetzen, möglicherweise seine Berechtigung hat.*

Sebalds trauernder Wanderer hätte vielleicht nicht gehen, sondern laufen müssen. Es ist ein großer Unterschied, ob man geht oder läuft. Das Joggen ist die Tätigkeit, in der man sein Grübeln vergessen kann, nur noch Körper wird. In Isabel Bogdans überraschendem zweiten Roman *Laufen* eilt die Ich-Erzählerin vor der nicht aushaltbaren Trauer eines Schicksalsschlags davon. Oder vielmehr: Sie läuft durch diese Trauer hindurch. Es ist die seltene Fluchtart, die nicht aus Feigheit besteht. Sie gibt Energie und erhellt den Blick. Ein Lauf, der besser ist als jeder Stillstand. Sich nicht zu bewegen kann bedeuten, im seelischen Morast zu versinken, unterzugehen. Die Heilungsmöglichkeiten des Geistes stecken im Körper, nicht im Kopf.

*Laufen ist super, so schön stumpf, man muss gar nicht denken, ich kann sowieso nur über das Laufen nachdenken und über meinen Körper und gar nicht über den ganzen anderen Mist, weil das alles viel zu anstrengend ist, ich laufe mir die Grübelei weg, andere Leute laufen angeblich, weil sie dabei gut nachdenken können, ich kann an gar nichts anderes denken als an meinen Körper ...*

Es ist eine literarische Fantasie, in der das trauernde Denken zum Gift wird und das Laufen zur Entgiftung. Wenn der Geist derart leidet, wird der Körper zur Chance – und da der Geist ein Teil dieses Körpers ist, hat das Auswirkungen auf beides. Der Roman ist ein Dauerlauf; und der geläuterte Kopf der Erzählerin entlarvt all die hilflosen Phrasen, die wir Trauernden sagen: Es wird eben nicht immer alles wieder gut, es geht nicht irgendwie weiter, die Zeit heilt nicht alle Wunden; wer nur noch in der Erinnerung existiert, ist dennoch tot. Am nächsten Morgen geht nicht die Sonne wieder auf. Aber eins kann man tun: laufen, sich bewegen. Nach dem Buch war ich verschwitzt und musste durchatmen, duschen und mir den Romananfang erneut anschauen. Und ich musste: einfach losgehen.

Am liebsten durch Lissabon, das ist nämlich noch anstrengender als Joggen. Es gibt in der Altstadt keinen geraden Meter, nur Treppen, bergauf, bergab. Es ist, als steige man durch die Gassen eines alten Romans. Die Entfernungen dort sollten in Seitenzahlen oder in Höhenmetern gemessen werden. Ein sonst kurzer Fußweg verändert sich, wenn man zweihundert Treppenstufen überwinden muss. Ich war nach jeder

Stadtwanderung dort froh, wenn wieder Natas und Portwein vor mir standen und ich ins Reisetagebuch schreiben konnte. Große Städte provozieren das Schreiben. Als würde man von der schöpferischen Atmosphäre durchdrungen und angestachelt. Lissabon ist so schön, dass man bleiben kann, wo man ist. Zumindest als Schriftsteller.

Fernando Pessoa war sich mit der Hofdame Shōnagon und ihrer Abneigung gegen das Reisen ganz einig; über einen Abstand von fast eintausend Jahren. Pessoa reichte für Melancholie und philosophische Einsicht das endlose Flanieren durch Lissabon. Ich wäre, ohne zu reisen, allerdings nie nach Portugal gekommen, und auch Kyoto möchte ich noch sehen. »Wenn jemand eine Reise tut, so kann er was erzählen«, schrieb Matthias Claudius. Der andauernde Aufenthalt in einer Stadt oder einem Kaiserpalast kann die Sicht zwar vertiefen, aber die Perspektive eben auch einschränken. Wenn ich in München oder Zürich war, tagelang sieht man keine Obdachlosen, und kehre zurück nach St. Pauli, dann wirkt das wie eine Wiederbegegnung mit der gesellschaftlichen Realität. Eins verbindet für mich allerdings das Zuhause und das Unterwegssein: Ich möchte gehen, herumlaufen, spazieren, wandern, flanieren – eben *Einfach losgehen* können, wie das Buch übers »Denkengehen« von Bertram Weisshaar betitelt ist. Der Autor ist mehr als nur Flaneur. Er ist Anhänger der »Strollology«, darauf kommen wir zurück. Erst noch einige Umwege, sie erhöhen die Ortskenntnis.

Viel schwieriger als das Erkunden von Urlaubszielen ist es, die heimatlichen Gegenden zu erkunden. Wir laufen intuitiv oft die gleichen Wege und übersehen, was am Wegesrand oder eine Straße weiter liegt. Durch New York zu laufen ist einfach. Erst neulich entdeckte ich zu Hause auf St. Pauli die Balduintreppe, die hinunter zur Elbe führt. In meinem Kopf entspann sich eine riesige Handlung um diese Treppe, so wie sie Heimito von Doderer in seiner *Strudlhofstiege* für Wien erdacht hat. Auch hier steht eine Treppe zwischen zwei Straßen im Vordergrund. In unzeitgemäßer Langsamkeit, an Marcel Proust und Thomas Mann erinnernd, spannt sich in vollendeter Sprache und feinsinnigem Stil die Vergangenheit des österreichischen Kaiserreichs auf. Wir sitzen im Kaffeehaus, die alten Straßenbahnen, die endlosen Gänge durch Wien. Wer dem Romangeflecht verfällt, der kann gleich zum Nachfolger greifen, zu *Die Dämonen*, einem nicht endenden Leseglück. Wir begegnen den Figuren wieder, erleben revolutionäre Ereignisse, komplex verlaufende Biografien und immer wieder die Kaffeehausgesellschaft. Wien und seine Geschichte erwandert man sich durch diese beiden Romangebirge.

Das Nahe liegt fern. Ich war schon auf Mallorca, aber letztes Jahr zum ersten Mal auf Sylt. Auch die Autor:innen vor unserer Tür übersehen wir schnell. Kennen Sie die Autoren aus der Gegend, in der Sie leben? Norddeutschland kann man mit Siegfried Lenz oder Theodor Storm verstehen, Hamburg mit Brigitte Kronauer. Wenn Sie lesend eine Zeit auf dem Kiez auf St. Pauli verbringen wollen, greifen Sie zu den Romanen von Sabine Buchholz. Köln lässt sich mit Irmgard Keun oder Heinrich Böll und die Mark Brandenburg mit Theodor Fontane, die Eifel mit Norbert Scheuer erkunden. Es gibt nur

Regionalliteratur, aber manchmal fällt uns das erst auf, wenn wir nicht mehr vor Ort sind. James Joyce schrieb seinen großen Roman über Dublin vielleicht deshalb in Zürich, verfasste aber unzählige Briefe, in denen er sich nach Details erkundigte. Er wollte wissen, ob bei dem Blick aus einem bestimmten Fenster ein Baum rechts oder links eines Kirchturms stehe. Heute kann man in Dublin die Wege von Leopold Bloom, der Hauptfigur des *Ulysses*, nachwandern. »Die Qualität macht eine gute Wanderung aus, nicht die Quantität«, schreibt Stephen Graham in seinem Klassiker *Die Kunst des stilvollen Wanderns* von 1926. Wie das Lesen ist das Wandern eine Tätigkeit mit weitreichenden Folgen. Das Wort »Wandern« lässt sich durch »Lesen« ersetzen:

> *Wandern ist eine Kunst: Derjenige, der weiß, wie man wandert, weiß auch, wie man lebt. Manieren formen uns zu Menschen, und Wandern formt die Manieren. (…) Das Wandern konfrontiert mit der Wirklichkeit. (…) Wandern ist das Abweichen vom Naheliegenden.*

Oder gerade die Hinwendung. Der Körper kennt keine natürlichere Tätigkeit, als zu gehen; und diese zu erkunden und frisch wahrzunehmen, dabei hilft Lektüre. Und Praxis. Ich vermute, der Trend der Bücher über das Wandern steht in keinem Verhältnis zur zurückgelegten Strecke. Die Schrittzähler auf dem Handy erinnern an das zu viele Sitzen. Den Buchmarkttrends misstraue ich: Minimalismus, offene Beziehung, keine Kohlenhydrate … Papier ist geduldig. Der Buchmensch braucht eine gesunde Distanz zum Hype. Lesende haben Jahrtausende der Lektüre zur Verfügung; heute erscheinen viele Bücher, die morgen so uninteressant sind wie die Tageszeitung von gestern. Die Selektion der Zeit ist der Qualität zuträglich. Aus dem lesenden Blick zurück können wir lernen: Es gab immer Pandemien, und gute Romane darüber. Es gab immer Kriege (und wer sie leugnet, bereitet den nächsten vor, schreibt der große Lukas Bärfuss). Auch das Gehen ist kein Trend, sondern Dauerthema der schreibenden Zunft. Schon die Anhänger des Aristoteles, die Peripatetiker, philosophierten gehend. Achtsamkeit ist ebenfalls kein Trend, sondern ein uralter, religiöser Weg auf dem Edlen Achtfachen Pfad. Nicht einmal Übergewicht ist ein Trend, die Warnungen vor dem Laster der Völlerei sind schon Thema bei den Wüstenvätern. Buchmenschen können, wenn sie historisch informiert sind, unterscheiden, welche Themen nur zeitgeistig und welche überzeitlich sind. Während man im Buchladen der Belesenheit des Neuen begegnet, sind die alten Antiquariate die Archive des Bleibenden. Da Lesezeit immer Lebenszeit ist, kann man sich manches ersparen. Sowohl in Buchläden als auch in den seltener gewordenen Antiquariaten führe ich gern Gespräche und folge den Ratschlägen. Ich gehe immer mit Büchern nach Hause, auf die ich allein niemals gekommen wäre.

Wir gehen mit dem Körper; und dass Gehen mehr als reine Fortbewegung ist, belegen die Traditionen der Gehmeditation oder des Pilgerns. Das *Kinhin* im Zen-Buddhismus, eine konzentrierte, sehr langsame Form kontemplativen Gehens, lenkt die Aufmerksamkeit darauf, einen Schritt nach dem anderen zu tun. »Bitte praktiziere Gehmeditation bei dir zu Hause. Dann kannst du während des Gehens wirklich die Hand Buddhas halten. Gehe achtsam und friedlich, und der Buddha wird bei dir sein«, schreibt der immer lesenswerte vietnamesische Zen-Meister Thích Nhất Hạnh.

Wie weit die heilsame Wirkung des Gehens ausstrahlen kann, hat der Filmemacher Werner Herzog festgehalten. In einem Interview sagte er einmal, sein kleines Reisebüchlein *Gehen im Eis* sei ihm wichtiger als alle seine Filme. Mitte der 1970er-Jahre wird eine mütterliche Mentorin schwerkrank und ins Krankenhaus in Paris eingeliefert. Herzog hat die Idee, er könne ihr dadurch helfen, dass er von München zu Fuß nach Paris geht. Der Krankenbesuch als Pilgerreise. Kurzentschlossen geht er los, an einem schneeverregneten Novembertag.

> *Das, was ich unterwegs schrieb, war nicht für Leser gedacht«, schreibt Herzog, »beim Gehen kommt einem so vieles durch den Kopf, das Hirn, das wütet. (...) Wie der Regenbogen sind die Kraniche für den, der geht, eine Metapher.*

Die Tätigkeit wird zur Metapher: Wer langsam eins nach dem anderen tut, arbeitet besser und lebt gesünder. Jeder Weg hat Folgen, und kein Schritt ist umsonst. Multitasking ist eine Form der Nervosität. Und dieser Friede, so die spirituelle Sicht, strahlt weit aus. In meinen Hochschulkursen zum Buddhismus nötige ich meinen Studierenden (und mir) die härteste Übung der Welt ab: *Versuchen Sie im Alltag, langsam zu gehen.*

So werden die Wege, die wir sonst nur gestresst überwinden, zum Pilgerweg. Das Pilgern war immer da, deshalb ist der Begriff in die Alltagssprache eingedrungen. Die Buchmenschen »pilgern« zu den beiden Buchmessen, zu Buchläden und Flohmärkten, zu den Antiquariaten. Wer sich auf solch eine Strecke begibt, der begegnet mehr als nur sich selbst oder anderen Wanderern. Man bräuchte eine Mystik des Gehens, um genau zu beschreiben, was hier geschieht. Deshalb ist es gut, wenn die Schreibenden auch wandern (und nicht nur Pilze sammeln) – es fällt in ihr sprachsensibles Metier, den sublimen Geschichten des Wanderns Ausdruck zu verleihen, sie zur Sprache zu bringen. So verleiten sie auch andere dazu, loszugehen. Gute Literatur hat immer aktivierende Wirkungen. Offenere Augen, klarer Blick, Aufbruch ins Anderswo.

Gern verlässt man die Stadt und glaubt, die Natur zu erreichen. Aber das ist ein Irrtum. Unsere Landschaft wird seit Jahrtausenden von Menschen geprägt. Alles, was wir sehen, ist *Kulturlandschaft*. Sie ist eben nur, wenn wir Glück haben, von der Abwesenheit von Motorengeräuschen gekennzeichnet. Von einem Außenseiter habe ich gelernt, dass es eine Virtuosität des Wanderns gibt – Hans Jürgen von der Wense. Unter seinem geschulten Blick und mit seiner übergroßen Wortgewalt sah er die Hochkultur der einfachen Landschaft und schrieb lebenslang an einer Metaphysik des körperlichen und geistigen Unterwegsseins.

Als einer der wenigen deutschen Exzentriker war er die Unangepasstheit in Person. Er hat keine Ausbildung abgeschlossen, ist nie einer Erwerbstätigkeit nachgegangen, litt lebenslang an Geldmangel, war nie erfolgreich, blieb denkbar fern von Bürgerlichkeit und konnte, künstlerisch betrachtet, alles. Er wurde über zwanzig Jahre von einer Mäzenin mit 222,22 Mark monatlich unterstützt. Der Übersetzer, Autor, Komponist, Fotograf, Briefeschreiber, Langstreckenwanderer und Lebenskünstler von der Wense wechselte achtundzwanzig Mal seinen Wohnort, sodass er sogar durch das Netz der Nazis fiel. Nach 1933 dehnte er seine Wanderungen zwischen Sauerland, Ostwestfalen und Nordhessen noch aus.

> *Ich wollte unbedingt dies Land, das es mir antat, warum wusste ich noch nicht, ausforschen.*

Statt zu fliehen, betreibt er Wandern als Emigration und bleibt die meiste Zeit unentdeckt. Er schreibt darüber Tausende Briefe, die faszinierende »Selberlebensbeschreibungen« sind. Er übersetzt aus den seltensten Sprachen, schreibt zeitgleich mit Arnold Schönberg Avantgardemusik. Er sei

> *das letzte Exemplar dieser heute ausgestorbenen Gattung, also ein Fabeltier – die Wahrheit ist, dass ich ein Mensch bin, der in seiner Zeit keinen Raum findet und der sehn muss, wie er unter verschiedenen Masken davonkommt. (...) Sie fragen mich, wer ich sei. Ich will Ihnen ganz offen sagen: ich bin nichts, garnichts. Ich bin nur ein Dichter und das heißt ein Mensch und das heißt ein Rebell!*

Was er den Wanderungen durch eine Gegend abgewinnt, die im herkömmlich touristischen Sinne langweilig ist, öffnet die Augen. In seinen Briefen begegnet man Sprachen, von denen man nie gehört hat, alten Dichtungen, abseitigen Kunstwerken wie Gegenden. Es sind Abenteuer im Naheliegenden, die wir ständig übersehen. Weil wir vielleicht nicht genau genug hinsehen. Die Zeitgeistferne dieses Wanderers lässt einen Passage um Passage in seinen gesammelten Briefen markieren. Kein Wunder, dass der Exzentriker auch zum Lesen eine eigene Meinung hat:

> *Ich versuchte William Blake, dessen Wolken und schlechtes Wetter im Stil mich anstrengt. Unsicher wie die meisten Menschen sind, werden sie immer gleich Sklave ihrer Lektüre und haben meist die Weltanschauung des Buches, das sie gerade lesen. Aber nicht wir sollen den Büchern entgegenkommen, sondern sie haben die Ehre, unsere Bekanntschaft zu machen.*

Als Buchmensch ist man der König oder die Königin der Buchauswahl. Man muss nichts lesen, es muss einem nur gefallen, Neugier wecken – oder man übt sich so weit in die Lektüre ein, dass man versteht, warum ein Text überdauert. Dafür kann der Durchhaltewillen entscheidend sein. Ein Buch wird nicht nur dadurch gut, dass es gefällt. Es gibt für Buchmenschen die Lust am Text und das Interesse an umfassenderer Kenntnis, am Handwerk des anspruchsvollen Lesens. Und das muss, wie bei jedem Handwerk, einfach getan und geübt werden. Dieser

Ehrgeiz ist heute unabhängig von bildungsbürgerlichen Idealen, die immer auch verlogen waren. Ein Schrank voll gesammelter Werke der Klassiker bedeutet nicht, dass man sie gelesen hat, und schon gar nicht, dass man sie versteht. Aber sich das, was man mag, breiter anzuschauen vertieft die Erkenntnis und erhöht die Leselust. Die Bewegung ist gattungsunabhängig, jedoch gilt: Man sieht nur, was man weiß. Sonst bleibt nur leichte Kost, und die blockiert die eigene Leseentwicklung. Ob ein Buch »schwierig« ist oder nicht, steckt nur zum Teil im Buch – es kommt darauf an, wer es liest. *Die Jakobsbücher* von Olga Tokarczuk oder *2666* von Roberto Bolaño muss man lesen wollen, aber es lohnt sich. Sich literarisch bilden zu wollen darf nicht zu dünkelhafter Arroganz führen, wie sie an den Universitäten leider noch immer grassiert. Haruki Murakami empfiehlt denen, die Interesse am *Beruf Schriftsteller* haben:

> *Besonders in jungen Jahren sollte man möglichst so viele Bücher lesen, wie man in die Finger bekommt. Hervorragende, weniger hervorragende oder völlig unerhebliche, das spielt überhaupt keine Rolle, Hauptsache, man liest ständig jeden Fetzen Papier.*

Ein Buch wegzulegen, es nicht zu Ende zu lesen, gehört zu den Grundrechten. Allerdings ist Trägheit kein Argument. Ich gebe jedem Buch eine Chance, aber fünfzig Seiten genügen mir für das Urteil: Setze ich die Lektüre fort? Widme ich diesem Buch weiter meine Lebenszeit? Auch der Wanderer verlässt

Gegenden, die ihm auf Dauer missfallen. Das Umherwandern betrifft die Vielseitigkeit der Lektüre und unsere konkrete Bewegung, die Spaziergänge und Alltagswege. Für den Norweger Tomas Espedal steht das Gehen im Zusammenhang mit der *Kunst, ein wildes und poetisches Leben zu führen* (so der Untertitel seines Romans *Gehen*). Das Buch machte den Autor so berühmt, dass er nur noch mit dem Fahrrad durch die Stadt fahren konnte; jeder wollte mit ihm sprechen. Diese Ironie hätte Uwe Johnson gefallen. Espedal lebte, als er das Buch schrieb, im Haus eines Philosophen, und diese Erfahrung habe ihm das Gehen beigebracht.

> *Gehen ist in gewisser Weise das genaue Gegenteil davon, in einem Haus zu wohnen. Zumindest gilt dies für die Wanderung, die eine erweiterte oder freiwillige Geherfahrung ist, eine Wanderung ist erwünschte oder unerwünschte Heimatlosigkeit.*

Das Flanieren gehört zum poetischen Leben, das Vagabundieren zum wilden poetischen Leben, zumindest, wenn der Herumstreifende aufschreibt, was er erlebt. Viele Dichter laufen zwar, aber sind eigentlich nur auf dem Weg ins Café. Es gibt dieses poetische Flanieren, mit dem wir meist intellektuell anziehende Bilder verbinden. Obwohl Cafés Orte der Schönheit sind, sitzen wir wohl zu viel. Mein Lieblingsbuch über das Gehen stammt von jemandem, der zu lange herumgesessen und sich den Büchern gewidmet hat.

> *Ich bin ein Spätberufener und kenne die andere Seite bestens. Denn bis zu meinem vierzigsten Lebensjahr saß ich im Kaffeehaus, vertilgte jede Menge Gitanes mit Maisfilter, trank Unmengen Kaffee, Wein und Bier und redete bis spät in die Nacht hinein mit Freunden und Freundinnen, um hinter die Geheimnisse der Existenz zu kommen. Ich kann nicht behaupten, dass uns das befriedigend gelungen wäre, obgleich ich keins der Bücher bereue, die ich gelesen habe.*

Das Denken dreht sich irgendwann nur noch um sich selbst, es wird zur Spiegelfechterei, zum intellektuellen Spiel. Auf einem Stuhl sitzend sieht man aber eben nur einen sehr kleinen Ausschnitt der Welt, abgesehen von der schleichenden Dauerschädigung, die wir unserem Körper damit zufügen. Alois Schöpf ist in die Berge gezogen und hat dort jemanden gefunden, der ihm das Bergwandern beibringt – und er hat darüber ein Buch geschrieben: *Glücklich durch Gehen*. Für mich ist es eins der wichtigsten philosophischen Werke, es speichert Weisheit. Es sind hundert Seiten außerordentlicher Erkenntnis; das Buch hat meine Schrittzahl und mein Glück merklich erhöht. Ganz Philosoph erinnert Schöpf an die Anthropologie:

> *Der Mensch geht, seit es ihn gibt. Er hat durch die Fähigkeit, gehend weite Strecken zu überwinden, über Jahrtausende seine Nahrung gefunden (...) Der Mensch ist ein Geh-Tier. Das Gehen ist seine Art zu sein. Selbst die Kinder werden leise und hören auf zu weinen, wenn man mit ihnen geht und sie dabei trägt. Durch das Gehen kehrt der*

*Mensch zurück zur Basis seiner ältesten und erfolgreichsten Lebensbewältigung und überwindet die Schäden des Sitzens, die er sich durch die erst junge Sesshaftigkeit zugezogen hat. Demgemäß spricht man auch, wenn man die menschliche Existenz und Würde anspricht, vom aufrechten Gang und nicht vom aufrechten Sitzen.*

Es ist diese Grundsätzlichkeit des Buches, die mich ergriffen hat. Wir sind ins Leben geworfen, die Existenzialisten im Café haben recht – aber dann lernen wir zu gehen. Für Alois Schöpf ist das Gehen die Überwindung des illusorischen Grübelns, es bringt den Körper wieder ins Spiel. Das Verhältnis zum eigenen Körper bestimmt unsere geistige und emotionale Verfasstheit. Das Gehen wird ihm, da es so vieles verändert, zur Meditation, zum Teil des glücklichen Lebens. Schöpfs Buch ist inhaltlich mit Marie Kondōs Buch über das Aufräumen zu vergleichen, *Magic Cleaning*, obwohl es ganz anders ist. Es ist vordergründig praktisch, betrifft scheinbar nur den trivialen Alltag, aber die Sache bestimmt in tiefer Weise unsere ganze Existenz. Die Ordnung, die wir schaffen, antwortet uns, sie prägt uns. Auch das Gehen prägt uns, es formt den Körper und den Geist. Schöpf schreibt nur hundert Seiten, und alles ist gesagt. Das Buch wirkt auf mich wie eine Lehrrede zu einem der wichtigsten Themen des Lebens. Und, wie das Aufräumen, haben wir auch das Gehen selten bewusst gelernt. Dabei sollten einige Grundregeln beachtet werden. Zuerst muss die Trägheit überwunden werden, es ist bequem, auf dem Sofa sitzen zu bleiben. Und:

*Wenn du losgehst, gehe so langsam wie möglich, dein Körper findet das richtige Tempo von allein.*

Es gehört zur Zauberei des Gehens, dass wir uns dem »Denkengehen« philosophisch hingeben können, es therapeutische Wirkung auf gute Gespräche mit den Gefährten hat und zugleich dem Grübeln ein Ende setzen kann und wir zum Körper werden, der bewusst wahrnimmt, was ihm begegnet. Die spezielle Erschöpfung, die man nach längerem Gehen empfindet, ist ganz anders als punktueller Muskelkater nach dem Sport. Es ist eine ganzkörperliche, glückliche Erschöpfung.

Das Gehen begleitet seit der Antike das Denken; und heute ist es sogar zur Promenadologie geworden. Lucius Burckhardt gründete in den 1980er-Jahren die Spaziergangswissenschaft. Ein kleiner roter Band von ihm mit dem Titel *Warum ist Landschaft schön?* passt in jeden Wanderrucksack von Buchmenschen, die sich gern schrägeren Landschaftskunstaktionen, erstaunlichen Entdeckungen und irritierenden Sichtweisen hingeben. In der zweiten Generation dieser Disziplin wandert Bertram Weisshaar durchs Land, und er hat ein zugängliches Standardwerk der neuen Wissenschaft verfasst. Als ich zum ersten Mal ein Kapitel über das Gehen schrieb, bin ich, zur Übung und Überprüfung, drei Monate im Winter jeden Mittag fünfzig Minuten am Rhein entlangspaziert. Es war ein Winter ohne Erkältung oder miese Stimmungen. Ich habe den Drang, vorher zu erproben, worüber ich schreibe. Nur dann weiß ich, ob meine Ansichten so sicher sind, dass sie zum Buch werden dürfen. Weisshaar greift auf viel eigene Erfahrung zurück.

Es gibt wenige Bücher, deren Titel so Programm ist wie *Einfach losgehen*. Während der Lektüre hat sich meine Schrittzahl deutlich erhöht. Und zugleich geht es darum, die Erkenntnis zu steigern. Wir sehen die Landschaft während der Spaziergänge häufig nur als potenzielles Fotomotiv, ausschnitthaft und auf Effekte bedacht. Aber das Gehen kann auch eine breitere, fließende Wahrnehmung einüben, es weckt »zielloses Interesse«, wie Weisshaar schreibt. Und eine gänzlich belanglose Privatsache ist das Gehen auch nicht:

> *Der Fahrende ist der Besitzende – der Bourgeois, der kraft seines bloßen Besitzes seine Absicht durchsetzt. Der Gehende ist der Teilnehmende – der Citoyen, der von Kindesbeinen an die Regeln des Miteinanders auf der Straße und die Verkehrsgesetze verinnerlicht hat.*

Am Ende ist die Ziellosigkeit ein Protest gegen den Zeitgeist, »hinter Fußgängern steht keine große Macht. Das Gehen verspricht keine Millionengewinne.« Zu gehen formt mit an der großen sozialen Plastik, hat vielfältige Auswirkungen, vielleicht ist es sogar politisch.

Die Welt gibt Anlass zum Protest. Das Schimpfen über Probleme am anderen Ende des Planeten ist müßig – in überschnellen Zeiten wird es zum Widerstand, einfach loszugehen. Man muss dafür nichts kaufen, keinen Eintritt zahlen. Uns fallen ins Auge: verwinkelte Häuser, unerwartete Gassen, die farbigen Blätter eines Baums in der goldenen Herbstsonne oder das Verschwinden eines Hochhauses im diesigen

Morgennebel, aus dem die Möwen hervorschießen. Betrunkene Liebespaare der letzten Nacht. Vor Begeisterung springende Hunde und ihre müde Besitzerin. Die Frau, deren gefärbte Haare sich im Wind wild bewegen, sie schaut den Hunden nach, und ich schaue ihr nach. Ich erlaufe mir meine Stadt, begegne meinen wandernden Gedanken. Selbst zum Homeoffice: Ich gehe los, wie auf dem Weg zur Arbeit, nach zwanzig Minuten bin ich wieder zu Hause und betrete dort meine Wohnung, die nun ein Büro ist. Aber sogar ein selbst erfundener Arbeitsweg kann zu Verspätungen führen. Neulich auf so einer Morgenrunde ein überraschender Fund, alles andere als alltäglich. Ich entdeckte am Wegesrand auf St. Pauli drei große alte Umzugskartons, noch mit vierstelligen Postleitzahlen, voller Bücher. Das Schild »Zu verschenken« in einer eher ungelenken, alten Handschrift. Ich blieb stehen und blickte hinein.

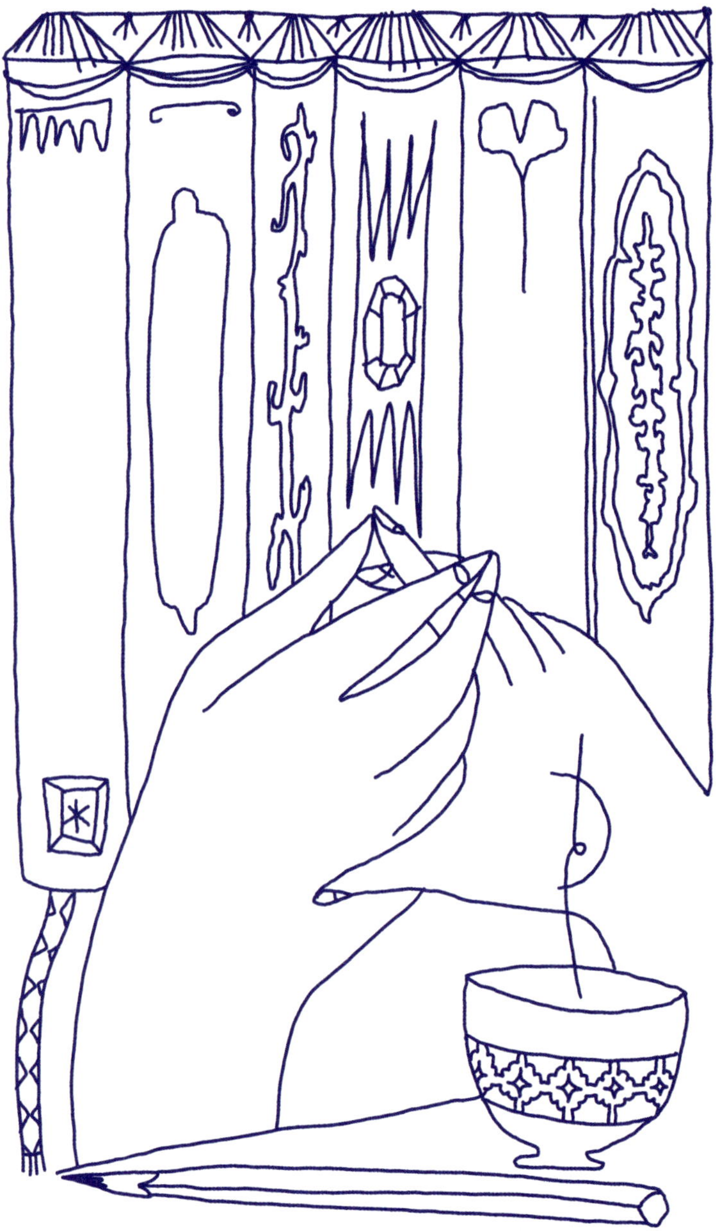

# 07 Picknick am Wegesrand

*für Anna, Agnieszka & die Kandie Gang*

Der erste Griff in diesen Bücherkarton birgt einen Science-Fiction-Roman der Brüder Strugatzki – *Picknick am Wegesrand.* Auch er beschreibt eine Wanderung, allerdings eine beängstigende. Viel berühmter ist der Film, in dem Andrej Tarkowski unter dem Namen *Stalker* ikonische Bilder für den Roman gefunden hat. Die Handlung führt die Protagonisten durch ein abgesperrtes Gebiet, in dem Außerirdische gelandet und kommentarlos wieder verschwunden sind. Sie haben dort allerhand liegen lassen, für Menschen undurchschaubare technische Geräte. Die Zone ist verseucht und ein gefahrvoller Raum, aber die von den Außerirdischen zurückgelassenen Artefakte sind begehrtes Schmugglergut. Die Hauptfigur macht sich auf den Weg, um eine goldene Kugel zu bergen, der nachgesagt wird, sie erfülle alle Wünsche. Zu den restlichen Fundstücken in der Bücherkiste passt dieser Roman nicht. Vielleicht ein Kauf, weil Andrej Tarkowski in seinen düsteren Tagebüchern *Martyrolog* auf die Romanvorlage seines Films eingeht. In jedem Besitz befinden sich Ausreißer.

Schon zum dritten Mal habe ich nun Bücher an der Straße gefunden. Diesmal vor einer alten, inzwischen geschlossenen Apotheke. Ich war nur ein Mal dort, als sie noch geöffnet hatte, eine alte Dame stand vor den noch älteren Apothekerschränken. Durch eine offene Türe sah man eine angrenzende Wohnküche, der passendere, altmodischere Begriff wäre »Eßzimmer« (in alter Rechtschreibung). Vielleicht ist die alte Apothekerin gestorben, und die Angehörigen haben die Bücher in die Kartons gepackt. Was vom Menschen übrig bleibt, stellt man an den Straßenrand. Wie umgehen mit dem Erbe alter Medien, mit den Büchern und Schallplatten, die das Leben ihrer Besitzer erzählen. Die digitale Welt ist dankbar einfach – auch Tausende Bilder auf einem Smartphone sind kein sichtbarer, gewichtiger Besitz und mit einem Klick verschwunden. Aber Bücher nehmen Raum ein, enthalten Notizen, Widmungen und Erinnerungen, sie erzählen Geschichten als Objekt, sind Form gewordenes Leseleben. Es gibt viele Gründe, Bücher auszusortieren. Aber Artefakte haben selbst eine Biografie. Jedes analoge Foto hat ein Leben, es wurde geboren, hing hier und dort, wurde herumgetragen und kann Objekt großer Sehnsucht sein. Einen Science-Fiction-Roman bringe ich mit meiner Vorstellung von der alten Apothekerin nicht in Zusammenhang, vielleicht weil die anderen Titel ein stimmiges Bild ergeben.

Titel über die Erziehung aus den 1970er-Jahren, ein *Guide MICHELIN, Guide Châteaux de la Loire*, ein grünes, hochformatiges, vergilbtes Heft, ein italienisches Kochbuch, und ein israelisches. Klassiker: E. A. Poe (in der Übersetzung von Arno Schmidt), Theodor Storms *Erzählungen* (mit meiner Lieblingsnovelle: *Hans und Heinz Kirch*), die *Wanderungen durch die Mark Brandenburg* (Band 2 und 3). Goethes *Italienische Reise* in einem zerlesenen Exemplar, mit Widmung aus den 1960er-Jahren, und ein alter Wanderführer durch die französischen Alpen. *111 Orte, die man in Hamburg sehen muss* (mit neuer Widmung), warum schenkt jemand das einer alten Hamburgerin? Oder ist sie zugezogen? Die Kisten lassen unweigerlich ein Leben aufsteigen, die Auswahl und die Ausgaben selbst erzählen Geschichten. In die großen Lücken der Erzählung projizieren sich Fantasien; aus dem Besitz eines Buchmenschen heraus kann man sein Leben erfinden wie eine Romanfigur. Auch die sind wahr, auch wenn sie keine Rückschlüsse auf die Realität zulassen. Autoren sind Menschenerfinder. Und Menschen sind Romanerfinder.

Nachkriegsklassiker stapeln sich. Siegfried Lenz *Das Vorbild*, Günter Grass *Hundejahre*, Heinrich Böll *Frauen vor Flußlandschaft* – und dann die amerikanischen Autoren: John Irving, ungelesen, aber zerlesen: Don DeLillo, John Updike, drei Mal Philip Roth. Die *Storys* von David Foster Wallace, in einer Ausgabe, die das Erscheinen von *Unendlicher Spaß* mehrere Jahre später ankündigt. Das Buch ist aber ungelesen, wie neu, das Lesebändchen ist noch akkurat an dieser einen Stelle. Die Bände gleiten durch meine Hände; ich lege die, die ich haben möchte, auf einen kleinen Stapel neben der großen Umzugskiste.

Hier wird ein Leseleben verschenkt, der Zusammenhang wird sich unter die Leute streuen wie Flugasche. Bücher muss man weggeben, wer sehr viel liest, hat nie genug Platz. Aber wer es zu Lebzeiten tut, steuert mit, wohin sie gelangen. In diesem Jahr habe ich so viele Bücher gefunden wie noch nie, die Pandemie hat das Ausmisten befördert. Aufräumen, ordnen, renovieren, sich neu orientieren. Man muss die nicht passenden Buchgeschenke nach einer gewissen Lagerdauer loswerden oder die Klassiker der längst ausgezogenen Kinder. Ich habe neulich sechs Bände *Harry Potter* gefunden, Astrid Lindgren, Mats Wahl, Christine Nöstlinger. Am rausgezogenen Lesebändchen oder am gebrochenen Rücken eines Taschenbuches sieht man, ob sie gelesen wurden. Philip Pullman, ganz zerlesen, ich war von *His Dark Materials* viel faszinierter als von *Harry Potter*. Die Hauptfigur Lyra Belacqua lässt andere Jugendfiguren ziemlich klein aussehen. Aber zurück zum Leben der alten Dame.

Nicht gelesen wurde ein Autor aus Manila, der vor ein paar Jahren einen internationalen Preis gewonnen hat; geradezu zerlesen aber die Romane von Daniel Kehlmann, dem an den bürgerlichen Roman anschließenden Autor, quasi der ideale literarische Enkel für eine klassisch gebildete Person. Wer Alexander von Humboldt und Carl Friedrich Gauß überhaupt waren und wofür sie stehen, das sollte man wissen, bevor man *Die Vermessung der Welt* liest. Kehlmann, ein aus ihrer Sicht »junger Mann«, schreibt über Ikonen der bildungsbürgerlichen Zeit. Ich stelle mir den Autor vor als jemanden, der nie jung und wild war, sondern der schon im Kindergarten Thomas Mann gelesen hat; vielleicht wird er deshalb bleiben und den Zeitgeist überstehen. Ich habe Kehlmann nie gelesen, aber wenn er eine Rede hält oder ein Vorwort schreibt, dann beeindruckt mich das. Er ist der jüngste Elder Statesman der deutschen Literatur. Ein weiterer spätbürgerlicher Roman:

*Der Turm* von Uwe Tellkamp. Mit der alten Dame – das bleibt sie für mich – hätte ich gern darüber gesprochen. Vielleicht auch über die erschreckenden Abwege eines solchen Autors.

Was in der Bücherkiste fehlt, sind gehypte »Autoren der Stunde«, auf die fiel sie offensichtlich nicht rein. Welche überregionale Zeitung hat sie davor bewahrt? Sie muss ein Zeitungsmensch gewesen sein, in der Kiste liegt *Der letzte Zeitungsleser* von Michael Angele, ein Essay voller Anekdoten über Thomas Bernhard, der durch halb Österreich fuhr, um eine bestimmte Tageszeitung zu bekommen. Ich glaube, die alte Dame hat über die klassische Rezension ihre Lektüre gewählt. Jedes Buch in der Kiste fand sicher in der FAZ wohlwollende Erwähnung. Die Titel unterschreiten nie eine gewisse literarische Qualität, ganz egal ob neu oder alt. Zwei Titel aus britischer Feder: A. L. Kennedys Erzählungen und Ian McEwans Romane *Abbitte* und *Saturday*. Beide sind große Leseerfahrungen. In *Saturday* folgen wir einem Gehirnchirurgen, der von der Angst vor einem Terroranschlag befallen wird. Das Buch enthält das wohl spannendste Squash-Match der Literaturgeschichte. Neulich erzählte mir ein Arzt, er hätte noch nie dergleichen über Gehirn-OPs in einem Roman gelesen. Er war davon unendlich angetan. Es lohnt sich, wenn Autoren derart akribisch recherchieren wie McEwan, der viel Zeit im Operationssaal verbracht hat.

Ein Baedeker aus den 1960er-Jahren, Niederlande, eingelegte Landkarte noch vorhanden, mit Bleistiftmarkierungen. Damals in ein nicht deutschsprachiges Land zu reisen war schon besonders, die ehemals faschistischen Länder (Norditalien,

Österreich, Spanien) oder die deutschsprachige Schweiz waren beliebter. Dort wollte man die unrühmliche Vergangenheit auch verdrängen, in Spanien sogar die Gegenwart. Aber in den Niederlanden in den Sechzigern traf man auf die, die unter der Besatzung gelitten hatten, und allein dort Deutsch zu sprechen war gewagt. Ein Grundwortschatz Niederländisch liegt auch in der Kiste.

Einige ungelesene Thriller finden sich, vielleicht Geschenke der Enkel, weil Oma gern liest (die Enkel selbst nicht), und die Mitbringsel gingen am Geschmack der Dame vorbei. Ein Wilhelm-Busch-Kompendium, A4-Format, in grünem Leder, kiloschwer. Es ist nicht klar, ob diese Ausgaben für Kinder oder Erwachsene herausgegeben wurden, eigentlich für beide ungeeignet. Ein solcher Band ist ein Vorläufer des Coffee Table Books, lange vor der Gründung des Kölner Taschen Verlags. Aber in ein Buch von Busch zu schauen ist immer eine Bereicherung; neben Loriot einer der großen Geister, die das deutsche Philistertum mit scharfem Humor überwanden.

Gedichtbände der großen Lyrikerinnen. Else Lasker-Schüler, Marie Luise Kaschnitz, Sarah Kirsch. Besondere Verlage: klein, fein, unabhängig; besonders schöne Ausgaben; leinengebunden, Prägung, teils illustriert. Die Büchergilde Gutenberg (ein Verein der Buchmenschen!). Diese Ausgaben lassen darauf schließen, dass die Dame zur Stammkundschaft eines exzellenten Buchladens gehörte. Ich bin mir sicher, dass es eine Dame ist, weil ich einem Mann dieser Generation die Lektüre dieser Lyrikerinnen nicht zutraue, leider. Aber es kann auch sein, dass ich nur auf Klischees hereinfalle. Auf solche

Ausgaben stößt man nicht im Buchkaufhaus und schon gar nicht virtuell. Manche Gedichte sind mit dünnem Bleistiftstrich im Inhaltsverzeichnis markiert, oft Liebesgedichte. Welche Liebesgeschichten schrieb das Leben dieser Leserin?

Doppelt angekreuzt in dem Gedichtband von Else Lasker-Schüler, mit dünnem Bleistift:

*Weltende*

*Es ist ein Weinen in der Welt,*
*als ob der liebe Gott gestorben wär,*
*und der bleierne Schatten, der niederfällt,*
*lastet grabesschwer.*

*Komm, wir wollen uns näher verbergen …*
*Das Leben liegt in aller Herzen*
*wie in Särgen.*

*Du, wir wollen uns tief küssen …*
*Es pocht eine Sehnsucht an die Welt,*

*an der wir sterben müssen.*

In der Kiste, und das habe ich noch nie erlebt, finden sich zwei Bücher von mir, *Die Form der Schönheit* und *Formbewusstsein*. Ich war ganz irritiert und wusste nicht, ob das nun ein schlechtes oder ein anerkennendes Zeichen ist. Ich habe mein eigenes Buch also mitgenommen, es war gelesen, enthielt aber keine Markierungen. Auf die eigenen Bücher zu stoßen, zufällig, erinnert daran, was man überhaupt macht, wenn man schreibt. Da geistern Objekte mit Herzblut durch die Welt, deren Wege man nicht steuert. Menschen, die man noch nie gesehen hat, kennen einen. Ich sah einmal jemanden in der Bahn, der mein Buch las. Ich bin einfach vorbeigegangen und habe mir überlegt, was in ihm vorgeht. Dass die alte Dame Bücher von mir hatte, rückt sie viel näher. Ich habe immer den Eindruck, für Freunde zu schreiben, manchmal verdeckte Liebesbriefe. Und wer die liest, den kenne ich. Eine gute Illusion ist das, aber sie hält mich am Schreiben. Auf Leser:innen zu treffen entzaubert dann, weil sie etwas von mir wissen, aber ich seltener etwas von ihnen.

Ich stehe vor der alten Apotheke. Soll ich an dem Haus klingeln? Susan Sontag klingelte als Dreizehnjährige bei Thomas Mann. Sie wollte über den *Zauberberg* mit ihm diskutieren. Er empfing sie. Ich studiere die Namen an den Messingklingeln, aber weiß nicht, was ich tun soll. Wenn die Dame verstorben ist, wird sie wissen, dass ihre Bücher auf der Straße stehen und dass ein Autor sein eigenes Buch wieder mitnimmt? Stehen neben mir die Geister von Günter Grass und Else Lasker-Schüler und greifen ins Nichts ihrer gebundenen Lebensspuren? Unterhalten die beiden sich?

Auch meine Bücher werden irgendwann in einer Umzugskiste auf der Straße stehen, ich hoffe, es regnet dann nicht. Ich habe nach einem Umzug mal sechs Kisten rausgestellt, weil meine Bücher nach einer Lebenswende nicht in das neue Einzimmerappartement passten. Eine Bibliothek aufzulösen ist ein schmerzlicher Vorgang. Es kamen Studierende vorbei, sie posteten, wo die Kisten stehen, und zehn Minuten später waren zehn Leute da, die kaum etwas übrig ließen. Jeder Leser, jede Leserin arbeitet auf diese Umzugskiste hin; das, was vom Lesen übrig bleibt, was niemand mehr will. Vielleicht macht sich jemand Gedanken darüber, wie mein Leben so war, was mich interessiert hat. Vielleicht füge ich der letzten Seite jedes gelesenen Buches eine kleine Notiz für die zukünftigen Finder, die zukünftigen Leser:innen bei. »Mir war an diesem Buch besonders … ich war beeindruckt von … niemals habe ich eine Sterbeszene wie diese … mich hat die Hauptfigur genervt … ich mag keinen Zynismus … ich habe dieses Buch drei Mal gelesen … ich habe es geliebt, es wurde mir von xy geschenkt … ich habe dieses Buch auf dem Dachboden meiner Realschule geklaut …« Bücher haben eine Biografie, sie enthalten, wenn sie draußen in der Kiste liegen, die Frage: »*Wann* ist ein Buch?«

Aus den Büchern der alten Apothekerin fallen mir Zettel entgegen. Eine Rezension, FAZ, 1990er-Jahre, ein ausgeschnittenes Foto des Autors, eine Postkarte zum Geburtstag, eine vergilbte Quittung, auf der noch andere Buchtitel vermerkt sind.

Auf einem Abend bei meinen Verlegern durfte ich Shakti Paqué kennenlernen. Sie arbeitet in einem Antiquariat und hat gesammelt, was sie in den alten Büchern findet. Lesezeichen, Objekte, Schnipsel – sie hat Tausende (!) dieser Fundstücke archiviert, katalogisiert und brachte sie mit. Wir durften bei der Auswahl für ihr Buch helfen. Daraus entstanden ist der Band *Was vom Leser übrig bleibt*, fast sechshundert gescannte

Objekte mit dem jeweiligen Titel des Buches, in dem sie sich fanden. Und das alles spricht in einer beängstigenden, geheimnisvollen Weise. Es sind »Buchbeziehungsgeschichten ohne Worte«, wie der Verlag es nennt.

In der Kiste der Apothekerin habe ich mein Buch gefunden und es mir zurückgeschenkt. Ich werde es weitergeben, ich habe nicht das Gefühl, es gehöre mir. Jemand anders hat es gekauft, gelesen, und das Buch hat ihn wahrscheinlich überlebt. Bücher sind die Überlebenden. Daher sammeln, pflegen und horten wir sie. Ich passe auf diese Bücher auf, solange sie bei mir sind, aber sie gehören mir nicht. Irgendwann liegen sie in einem Umzugskarton an der Straße und hoffen auf wohlwollende Passanten. Vielleicht gehe ich einfach wieder hin und lege mein Buch wieder hinein. Irgendjemand wird es finden, und es wird für ihn das richtige sein. Der Zufall schreibt wahre Geschichten, vor allem die, dass es Zufälle nicht gibt.

HORSES

# 08

# Absolutely on Music

*für Ole*

Ein großer Anteil der Klassik-LPs, die in meinem Büro stehen, habe ich auf St. Pauli an der Straße gefunden. Es spielt vielleicht keine so große Rolle, wo man seine Musik findet, aber ortlose Musik existiert so wenig wie ortlose Literatur. Ole Löding und Philipp Krohn sind in die Tiefe der Metropolen und um den ganzen Planeten gereist, um sich dem *Sound of the Cities* hinzugeben. »Irgendwann haben wir angefangen, unsere Plattensammlung zumindest zeitweise nach Orten zu sortieren«, schreiben die Autoren. Ihr Buch ist ein langer großstädtischer Soundwalk; es ist auch ein klingender Reiseführer. Sie erzählen die Geschichten der regionalen Kreativität, von den Momenten, in denen plötzlich Düsseldorf, Liverpool, New York, Stockholm, Wien oder Hamburg zu den Zentren musikalischer Innovation wurden. Es ist eins der Bücher, die sofort neben meinem Plattenspieler liegen; und es beeinflusst mein Reiseverhalten.

Wer hören lernen will, muss Stille aushalten. Morgens brauche ich erst einmal Ruhe, aber ab elf Uhr höre ich klassische Musik und andere Genres meist später. Der Abend gehört dann Patti Smith, Miles Davis oder Lana Del Rey, *because the night belongs to lovers, because the night belongs to lust.*

Das letzte Buch, das ich aus der Kiste der alten Dame mitnehme, ist *Mein Leben* von Igor Strawinsky. Ich stieß auf seine Musik durch einen Zufall – auf YouTube sah ich Auszüge aus der Inszenierung von Pina Bausch, *Le Sacre du Printemps*. Wenn man so was sieht, kann man es nie wieder nicht gesehen haben. Es war sofort um mich geschehen. Dann kam der Film von Wim Wenders über Pina Bausch, mit großartigem Soundtrack, und schließlich – *Rhythm is it!* Der Film dokumentiert die Arbeit von Sir Simon Rattle und den Berliner Philharmonikern, die zusammen mit dem Tanzpädagogen Royston Maldoom *Le Sacre du Printemps* mit Schülern aus Berlin inszenieren. Auf Strawinksys Autobiografie war ich gespannt, aber sie ist konventionell und langweilig. Wenig zur Revolution der Musik, keine Zeile über seine Affäre mit Coco Chanel. Manche Revolutionäre sind im Privatleben eher bürgerliche Existenzen, die den Halt des Gewöhnlichen betonen. Sigmund Freud gehörte auch dazu. Über eine gelockerte Sexualmoral gab es in seiner Familie gar keine Diskussion. Auf der letzten Seite des Buches von Igor Strawinsky findet sich eine gute Passage über die Unart des Publikums, einem Künstler keine Entwicklung zuzugestehen. Er soll immer nur wiederholen, womit er berühmt wurde. Das gilt bis in die Popmusik; ich mag nicht die ewige Leier »Nur das erste Album ist gut!«. Aus dem alten Taschenbuch fiel dann tatsächlich ein kryptischer kleiner Zettel mit französischen Begriffen, in einer blassblauen Damenhandschrift. Ich habe ihn vorn ins Buch eingeklebt. *Was vom Leser übrig bleibt.* Was vom Musiker übrig bleibt: Schallplatten und Bücher.

Nicht jede Buchhandlung hat eine ansprechend sortierte Abteilung mit Büchern über Musik. Aber in der BUNT-Buchhandlung in Köln oder bei cohen & dobernigg in Hamburg existieren gut gepflegte Regale. Auch Romane streifen immer wieder das Thema Musik. In einer meiner Lieblingsbuchhandlungen empfahl man mir den Münchener Liebeskind Verlag mit seinem außergewöhnlichen Programm, und ich kaufte *White Tears* von Hari Kunzru. Vordergründig ein Roman über einen Plattensammler.

Diese *White Tears* laufen mir noch über die Wangen, und sie haben mich bis ins Mark erschüttert. Seth ist Soundfetischist und lernt Carter kennen, der sich ausschließlich mit *Black Music* beschäftigt. In Williamsburg, New York, haben sie ein Tonstudio. Langsam findet er hinein in die Welt frühester Bluesaufnahmen. Sein anfänglich isoliertes Interesse an Klangqualität und Frequenzbereichen dehnt sich auf die Musik selbst aus.

*Carter spielte mir seine Plattensammlung nicht einfach vor, er erzählte sie mir.*

Eher unbedarft las ich los, ein Roman über frühe Bluesmusik. Seth und Carter geben sich ihren Soundbasteleien hin. Auf ihren lauschenden Spaziergängen fangen sie Stimmen und Geräusche ein. In einem Park hören sie zufällig einen Mann einen Bluessong singen und nehmen ihn heimlich auf. Sie bearbeiten die Aufnahme, bringen den Song heraus und erfinden eine Geschichte dazu. Er sei aus dem Jahr

1928 und eine ungehörte Rarität. Aber plötzlich entgleitet alles, mit Geistern der Vergangenheit spielt man nicht. Ein Mann meldet sich und sagt, diese alte Single und der Musiker hätten existiert. Was ist auf der B-Seite dieser verschollenen Aufnahme? Dann wird Carter brutal überfallen und liegt im Koma. Für Seth beginnt eine Reise in den Abgrund, er macht sich auf die Suche und fährt in den rassistischen Süden, in dem die frühen Bluesaufnahmen gemacht wurden. Sein Trip wird begleitet von undurchsichtigen Gewalttaten. Es steht viel mehr im Raum als Musik, die Geister einer unverarbeiteten Vergangenheit tauchen auf wie nie verklingende Schallwellen. Gerahmt und möglich wird das geisterhafte Geschehen durch den Hinweis auf eine beängstigende Hypothese:

> *Guglielmo Marconi, der Erfinder der Funktechnik, war der Meinung, dass Schallwellen nie ganz verschwinden, dass sie zwar schwächer werden, aber bestehen bleiben, ohne dass man sie im Alltagslärm noch wahrnehmen kann. Marconi träumte davon, ein Mikrofon zu erfinden, das stark genug wäre, Klänge aus längst vergangenen Zeiten aufzuspüren. Die Bergpredigt, die Schritte römischer Soldaten auf der Via Appia.*

Die Ausbeutung schwarzer Musik durch weiße Produzenten, die Schreie der akustischen Sklaverei. Immer mehr Gewalt kommt zutage, die Einschläge kommen immer näher. Das Echo der Gewalterfahrung früher Bluesmusik, die Rache der

Vergangenheit, indem lange verhallte Schreie wieder als Musik in die Welt gebracht werden – und zwei weiße Hipster in den Abgrund reißen. Im Roman wird der Zusammenhang zwingend, schlüssig, er bekommt sogar etwas von Gerechtigkeit, obwohl ich als Leser mit unterging. Von all den Schallwellen vergangener Zeiten bleiben die Bücher übrig.

Auch in der nahezu archaischen Geschichte des *Beale Street Blues* von James Baldwin begegnen wir der Rolle der Musik. Ein schwarzer Junge sitzt unschuldig im Gefängnis, ein weißer Anwalt tut, was er kann, die schwangere Frau gibt nicht auf. Niemand gibt auf; die Familie sitzt zusammen.

> *Ich lauschte der Musik und den Geräuschen von der Straße, und Daddys Hand lag leicht auf meinem Haar. Alles wirkte miteinander verbunden – die Straßengeräusche und Rays Stimme und sein Klavier und Daddys Hand und die Umrisse meiner Schwester und die Geräusche und das Licht in der Küche. Es war so, als wenn wir ein Bild wären, in der Zeit gefangen: seit Hunderten Jahren geht das so, dass Menschen in einem Zimmer sitzen, sie warten aufs Essen und hören den Blues.*

Bei James Baldwin ist alles von Musik durchwebt, obwohl sie nur hintergründig vorkommt. Das ist ähnlich in Toni Morrisons Roman *Jazz*. Weder Konzerte noch Jazzmusiker spielen eine tragende Rolle, der Roman selbst ist Jazz, der Swing klingt zwischen den Zeilen. Ab 1906 bis in die 1920er folgen wir einer Handlung, deren tatsächliche Ereignisse nicht entscheidend sind. Aber selbst die Schilderung des anbrechenden Frühlings in New York wird zur Melodie:

> *Und wenn der Frühling in die Stadt kommt, dann bemerken die Leute einander auf der Straße, nehmen Notiz von den Unbekannten, mit denen sie Flure und Tische teilen und auch den Raum, in dem intime Kleidungsstücke gewaschen werden. Beim steten Ein und Aus, Ein und Aus durch dieselbe Tür geben sie einander den Türgriff in die Hand; in Straßenbahnen und auf Parkbänken lassen sie die Oberschenkel auf einem Sitz nieder, auf dem das bereits Hunderte vorher getan haben. In die offene Hand gezählte Kupfermünzen sind schon von Kindern verschluckt und von Zigeunern geprüft worden, aber es ist immer noch Geld und die Menschen lächeln darüber. (...) Was gibt es Schöneres als Ziegelsteine, die sich in der Sonne erwärmen?*

Ich sammle Schallplatten. Keine wertvollen Raritäten, nicht in einem Spezialgebiet; ich höre einfach gern Musik und streife durch Plattenläden, über Flohmärkte, schaue in Kisten am Wegesrand. Meine LPs stehen in beschrifteten alten Holzweinkisten. Eine Kiste Hip-Hop, eine Jazz und eine allgemeinere mit *Black Music*. Der Begriff ist umstritten, aber da Miles Davis ihn bevorzugte, kann ich ihn benutzen, denke ich. Blues, Funk, Northern Soul. Seit den Romanen von Baldwin, Morrison und Kunzru sind einige Schallplatten mit Bluesaufnahmen hinzugekommen, archaische Musik, von der doch alles ausgeht. Der Jazz ist von ihnen beeinflusst, Charlie Parker bezog sich auf den Blues, und in seiner Folge seine berühmten Zöglinge. Aber auch für die Popmusik ist der Blues dominant: Die frühen Beatles und Rolling Stones waren Blues-Coverbands. Nach *White Tears* habe ich Platten von John Lee Hooker, Jessie Mae Hemphill und Lightnin' Hopkins gekauft. Lektüre verändert das Hören. Lektüre verändert vieles: Wer Bücher über Kunst liest, der sieht mehr, wer über Musik liest, hört mehr, wer über Gastrosophie liest, schmeckt mehr. Wer Bücher über polyamores Leben liest, liebt mehr; wer sich mit der Psychologie der Sexualität beschäftigt, gibt sich der Erregung mehr hin. Das Fachmagazin, welches ich lange abonniert hatte, trug den Untertitel: *Kenner lesen Kino*. Und das Kino hat großartige Soundtracks auf Vinyl hervorgebracht, etwa zu den Filmen von David Lynch, Wes Anderson oder Quentin Tarantino.

Ich hatte die Schallplatten eine Zeit lang alphabetisch und nach Gattungen geordnet, aber als Trennung zwischen den Buchstaben meine Musikbücher mit ins Regal gestellt. Also die LPs von Cannonball Adderley, Kenny Burrell, John Coltrane – dann die Bücher über Coltrane (die hervorragende Biografie von Peter Kemper) und so weiter. Den Übergang von Burrell zu Coltrane markierte eine Aufnahme, in der beide zusammen spielten. Ich träume von einer integrierten Musikbibliothek. Neben dem *Zauberberg* stehen Aufnahmen von Franz Schubert, neben dem *Doktor Faustus* die von Arnold Schönberg, neben dem *Geist der Utopie* von Ernst Bloch die Schallplatten von Gustav Mahler und Johann Sebastian Bach. Neben den *Lieblosen Legenden* von Wolfgang Hildesheimer dann Beethoven und Mozart (und sein Buch über Mozart). Das ist Sammlerglück! Sammler beschäftigen sich viel mit der Ordnung ihrer Stücke; und die kann auch assoziativen Richtungen folgen. Neben den Erstling von Kate Bush kann man Emily Brontës *Sturmhöhe* stellen, neben The Cure einen Roman von Albert Camus. Warum Schallplatten und Bücher trennen? Beide symbolisieren die *Rache des Analogen*.

Warum sollte man die Kapitel dieses Buches trennen? Während ich es schreibe, finden sich die eigenartigsten Verbindungen zwischen den Themen und Titeln. Auf dem Stapel meiner Musikbücher liegt zum Beispiel *Signifying Rappers* von David Foster Wallace und Mark Costello. In angenehmer Weise ist der Untertitel etwas länger ausgefallen, er spiegelt den Geist des Buches:

> *Warum Rap, den Sie hassen, nicht Ihren Vorstellungen entspricht, sondern scheißinteressant ist und wenn anstößig, dann bei dem, was heute so abgeht, von nützlicher Anstößigkeit.*

Erst Hip-Hop hat als Einfluss auf die Popkultur die Beatles vom Spitzenplatz verdrängt. Im Film *Rhythm is it!*, über Strawinskys Tanztheaterstück, wird ein Jugendlicher gezeigt, der anfängt, *Sacre du Printemps* zu sampeln, und so gewinnt er einen Zugang zur ihm sonst fremden Musik. Dabei ist Rap nicht so weit weg von jemandem, der den Rhythmus in außergewöhnlicher Weise in die klassische Musik gebracht hat. Das Buch von Wallace/Costello lag aber zugleich bei den Büchern zum Thema *Einfach losgehen*. Zwei wilde, musikbegeisterte, hochbegabte Nerds:

> *1989 kannte die Menschheit noch nicht die großen und gefräßigen Suchmaschinen von heute, Google, Yahoo, YouTube und Bing, aber an milden Freitagabenden in der brechend vollen City verfügten wir über eine andere, lebensvergrößernde Suchmaschine. Sie nannte sich Gehen.*

Sie beschreiben, wie sie entlang der Klubs und Bars von Boston streifen und sich der überall erklingenden Musik hingeben. Auch die beiden machen Soundwalks, wie Seth und Carter. Sie begegnen Punk, Chicago Blues, Soul, Ska oder Reggae.

> *Bei einem langen Spaziergang durch Cambridge kam man mit jedem erdenklichen Groove auf Tuchfühlung, ganz abgesehen von allen anderen Klängen der City, dem Zischen der Busse und dem Fluchen der Penner.*

Aber es fällt ihnen auf, dass Hip-Hop fehlt. Der steht zu dieser Zeit noch in der Schmuddelecke. Anlass genug für die beiden, sich ihm hinzugeben, ihn aufzusuchen. Dabei hat mich die Philosophie der Texte berührt, weil ich mich ihr anschließen kann.

> *Ausgangspunkt für unseren Essay ist nicht so sehr, was wir wissen, sondern eher, was wir beim Hören fühlen, nicht so sehr, was uns gefällt, sondern eher, warum.*

Es geht ihnen um die ästhetische Begeisterung, die Empfindung und weniger um Analyse. Ich fühle mich seelenverwandt. Ich lese gern, ich höre gern Musik, ich sehe gern Filme. Ich gehe gern, ich liebe gern. Ich bin ein Künstler, und schreibe darüber. Und mit Hip-Hop bin ich aufgewachsen; mich hat die endlich auch in deutscher Sprache vorliegende Bibel der Gattung – *Hip Hop Raised Me* – daher vom Titel schon angesprochen. Es ist, als blättere ich durch meine Jugend. Mit dem englischen Verfasser DJ Semtex würde ich gern spazieren gehen.

Auch Gustav Mahler machte tägliche Spaziergänge, auf denen er ungestört sein wollte; sie waren eine seiner Quellen der Kreativität. Einen der berühmtesten Spaziergänge der Musikgeschichte machten Richard Strauss und Gustav Mahler zusammen, am 16. Mai 1906 im österreichischen Graz. Am Nachmittag der Premiere der Oper *Salome*, nach Motiven des Skandalautors Oscar Wilde, zogen die beiden los. Die Zeit verging schnell, und auf den Hinweis von Mahler, langsam müsse man den Rückweg antreten, sonst komme Strauss zu spät ans Dirigentenpult der eigenen Premiere, sagte der nur gelassen: Ohne ihn könne man nicht anfangen, also keine Eile. An diesem Tag fand eine der großen Revolutionen der Musik statt, *Salome* spielt mit ungehörten Dissonanzen und einer für die Zeit drastisch unmoralischen Bearbeitung eines biblischen Motivs. Im Publikum saßen Giacomo Puccini, Arnold Schönberg, Alban Berg und viele andere. Niemand beschreibt die Hintergrundgeschichten der Musik so fesselnd und informativ wie Alex Ross, der Musikkritiker des *New Yorker*. Er streift durch die Revolutionen der »klassischen« Musik des zwanzigsten Jahrhunderts, und man möchte LP auf LP auflegen, von Strawinsky zu Schönberg, Charles Ives zu Philip Glass, den großen russischen Erneuerern bis zum Bebop. Es sind die Geschichten hinter der Musik, ihre gesellschaftlichen und persönlichen Dimensionen der Schöpfer, die die Ohren öffnen. Ross ist ein Autor, der einen zum Fan klassischer Musik macht, der aber nichts kategorisch ausschließt.

So wie auch Haruki Murakami; Jazz und Klassik geistern durch all seine Romane. Eins seiner herausragenden Bücher ist nicht übersetzt; ich kann nur mutmaßen: Traut man dem typischen Murakami-Fan nicht zu, klassische Musik zu hören? Gibt es Lizenzprobleme? Meine Freundin entdeckte das Buch in englischer Übersetzung in Lissabon im herausragenden Buchladen der LX Factory. (Ein Ort, den Sie sehen müssen!) Die Bücher von Murakami, vor allem die frühen, verbindet man mit Jazz. Dabei kommt in seinen Romanen die klassische Musik sehr viel häufiger vor. Es liegt wohl daran, dass man immer wieder liest, der Autor habe einmal einen Jazzklub in Tokio besessen, und das erinnert man in seine Romane hinein. In diesen wimmelt es aber von Opern, Symphonien und anderen klassischen Werken. In *Die Ermordung des Commendatore* arbeitet ein junger Maler in einem Atelier eines verstorbenen Meisters und findet dort eine große Sammlung Klassik-Schallplatten vor. Er beginnt, sie zu hören. Als er zum ersten Mal seine eigenen LPs auflegt – Johnny Cash, Bob Dylan –, merkt er, dass sie dem Geist dieses Raumes nicht entsprechen, etwas ist falsch. Die Schallwellen verklingen nicht, die Opern sind unterhalb der Hörschwelle noch anwesend.

Er kehrt also zurück zum *Rosenkavalier.* In der Anfangssequenz von *1Q84* sitzt die anziehende Protagonistin in einem Taxi und hört die *Sinfonietta* (Op. 60) von Leoš Janáček. Kein Wunder also, dass der Autor den Gesprächen mit dem Dirigenten Seiji Ozawa ein ganzes Buch widmet (bis heute, wie oben erwähnt, nicht ins Deutsche übersetzt): *Absolutely on Music.*

Murakami ist Konzertgänger und Plattensammler. Er hat sich einige Male mit dem Dirigenten getroffen, der zuerst bei Herbert von Karajan und dann bei Leonard Bernstein als Assistent seine Karriere begann. Ozawa lebt ganz in der Welt der klassischen Musik und hat eher eine Skepsis gegenüber Plattensammlern. Die hätten zwar jede erdenkliche Aufnahme, aber sie sprächen nur noch über ihre Sammlung und nicht mehr über die Musik. Von Murakamis Kenntnis ist er allerdings angetan. Sie steigen in ihrem Dialog tief hinab in die Besonderheiten bestimmter Aufnahmen von Beethovens Klavierkonzerten, den Symphonien Gustav Mahlers oder der Musik von Johannes Brahms. Ozawa gibt Auskunft über seine beiden Lehrmeister, die charakterlich wie musikalisch Antipoden waren: Karajan und Bernstein. Es geht auch immer wieder um den Pianisten Glenn Gould. (Ich liebe ihn, er geistert durch meinen Roman.) Dem Gespräch zu folgen ist, als könne man dem Herstellen von Musik folgen. Beide bleiben dabei immer auf dem Boden einer frischen Begeisterung für die Musik selbst.

*Well, I've got lots of free time and I'm mostly at home, so luckily I can listen to music from morning to night, not just collect records. (...) Listening to record music has been one of the greatest joys of my life. (...) I believe that music exists to make people happy.*

Das gilt auch für Bücher, sie sind mit Schallplatten seelenverwandt. Der Literaturnobelpreis an Bob Dylan erzählt davon. Bücher sind Träger von etwas, das dem Leben Sinn verleiht. Und sie sind, wie Fotografien, Sonden in eine Vergangenheit – in eine unendliche Vielfalt früherer Ereignisse und Augenblicke. Musik ist eine Reise in vergangene Revolutionen, von deren Energie wir bis heute zehren und die unüberhörbar sind.

Wie Bebop. Irgendwann betraten Charlie Parker und Dizzy Gillespie den Planeten, griffen zu ihren Instrumenten und veränderten alles:

*Hör mal. Das wahnsinnigste Gefühl in meinem Leben – jedenfalls in Hemd und Hose, hatte ich, als ich Diz und Bird 1944 das erste Mal zusammen in St. Louis, Missouri, gehört habe.*

So beginnt das für mich wichtigste Buch über *Social Music*, wie Miles Davis seine Kunst nannte, den Beitrag »zu der einzigen kulturellen Errungenschaft Amerikas (...), die auf der ganzen Welt zu Hause ist – zum Jazz oder, wie ich's lieber nenne, zur schwarzen Musik«. Es ist ein sechshundertseitiges fortlaufendes Gespräch über die Musiker und ihre Welt, über die Apartheid der USA und eine Musikrevolution, die vor dem Rock 'n' Roll der 1950er und vor dem Woodstock der späten

1960er lag. Ende der 1940er-Jahre hört das unterhaltende Gesäusel auf, und die Musiker reagieren auf die gesellschaftliche Realität, Miles Davis dazu:

> *(...) es fehlten die Harmonien, die man auf der Straße vor sich hin summte, um sein Mädchen aufs Küssen einzustimmen. Der Bebop hatte nicht die Menschlichkeit eines Duke Ellington. Man konnte sich nicht einmal die Melodien merken.*

Mir geht es beim Hören späterer Musik oft so, dass ich denke: Okay, ihr findet das schräg, psychedelisch oder »abgefahren«? Dann habt ihr seit Ende der 1940er-Jahre den Jazz ignoriert! Erst Ende der 1960er treffen sich die verschiedenen Traditionen, und Miles Davis ist wieder vorn dabei, mit dem Jazzrockmeisterwerk *Bitches Brew*. Die Revolution des Bebop und der folgenden Dekaden kann man allerdings nicht nur hören, Jazz kann man lesen. Der argentinische Schriftsteller Julio Cortázar hat ihn in Buchstaben gefasst, in kurzen Texten und einer längeren Erzählung über Charlie Parker: *Der Verfolger*. Er nimmt sich eines Saxofonisten an, der ständig dabei ist, »morgen zu spielen, und alle anderen bleiben hinter ihm zurück, in diesem Heute, das er mit den ersten Noten seiner Musik mühelos überspringt«. Sein Protagonist Johnny ist von Charlie »Bird« Parker inspiriert; ein Porträt eines Musikers, der an der eigenen Energie verbrennt. Julio Cortázar macht sich auf die Suche nach dieser Kraft.

> *Doch hier, in diesem in den Pausen auf einem Knie gekritzelten Stenogramm, habe ich nicht die geringste Lust, als Kritiker zu sprechen, das heißt, zu loben und zu verdammen. Ich bin mir wohl bewusst, dass Johnny für mich aufgehört hat, ein Jazzer zu sein, und dass sein musikalisches Genie gleichsam eine Fassade ist, etwas, das alle Welt verstehen und bewundern kann, doch hinter der sich anderes verbirgt, und dies andere ist das einzige, worauf es mir ankommen sollte, vielleicht weil es das einzige ist, worauf es Johnny wirklich ankommt.*

Ein Sonderling, der 1950 bei einer legendären Aufnahme von Charlie Parker am Klavier sitzt, ist auf der wertvollsten LP meiner Sammlung zu hören. Cortázar schrieb auch über ihn und seine »Reise ums Klavier«. Ich habe sie aus einem kleinen Plattenladen in Finnland, der sie mir zuschickte. Nach sechs Wochen Lieferzeit und der Zahlung von siebzehn Euro inklusive Porto hatte ich endlich: Thelonious Monk *Live at the It Club*. Ein Amerikaner, mit dem ich lange in einer legendären Jazzbar in Köln – im *Metronom* – gute Musik hörte, hatte mir erzählt, dies sei die ultimative Platte von ihm. Zwanzig Jahre und zwölf Monk-LPs später muss ich ihm zustimmen, wobei mir noch vieles in meiner Sammlung fehlt. Für Monk und andere Musiker dieser Generation war der beste Brandschutz eine Frau. Pannonica de Koenigswarter wurde als Kathleen Annie Pannonica Rothschild geboren – es adelt Adelige im postadeligen Zeitalter, dass sie verrückte Dinge tun und die Welt verschönern. Die Dame verließ in den 1950ern die weiße

Oberschicht und mietete sich eine Suite im Stanhope Hotel an der Fifth Avenue in New York. Sie machte sie zum erweiterten Backstagebereich der bedeutendsten Jazzklubs. Bei Pannonica konnten die Musiker herumhängen; sich erholen, zusammen spielen ... ihre einzige Bedingung, sie mussten eine Frage beantworten:

*Wenn du drei Wünsche frei hättest, die dir sofort erfüllt würden, wie würden diese lauten?*

Monk war der erste Besucher und wohl auch derjenige, zu dem Pannonica den engsten Kontakt pflegte. Zusammen mit den ganz unmittelbaren Polaroids, die sie machte, finden sich die Antworten von dreihundert (!) Jazzern im Reclamband *Die Jazzmusiker und ihre drei Wüsche.* Wer Wünsche äußert, der sagt viel mehr über sich und die Welt, als er ahnt. Die Antwort von Miles Davis ist kurz – und ein ganzes Hochschulseminar ließe sich mit dem Nachdenken darüber bestreiten:

*WEISS zu sein.*

John Coltrane hingegen antwortet:

1. *Dass meinem Spiel unerschöpfliche FRISCHE innewohnte ... (Im Moment ist es ein wenig abgestanden.)*
2. *Vor gesundheitlichen Beschwerden oder Krankheiten gefeit zu sein.*

3. *Drei Mal mehr sexuelle Potenz, als ich jetzt habe. ... Und auch noch etwas anderes. ... Von Natur aus mehr Liebe zu den Menschen zu empfinden ... (Du kannst das noch an das andere anhängen.)*

So ein Buch entdeckt man nicht selbst, lange war es nicht lieferbar. Mein ehemaliger Chef im Buchladen in Bonn, in dem ich als Student als Fahrradkurier arbeitete, schenkte es mir. Er spielte selbst Kontrabass, hörte morgens, bevor der Laden öffnete, laut Charles Mingus, und zusammen mit zwei anderen Musikern trug er rhythmisch die Antworten der Jazzmusiker in szenischen Lesungen vor. Thelonious Monk, ich höre noch die Stimme meines Chefs, antwortete ...

1. *Mit meiner Musik erfolgreich zu sein.*
2. *Eine glückliche Familie haben.*
3. *Eine verrückte Freundin wie dich zu haben!*

Schwarze Männer in einer Hotelsuite, in einer Zeit der Apartheid, bescherten der Mäzenin horrende Mieterhöhungen, die sie aber zahlte. Die Gerechtigkeit war in den USA schon damals käuflich. Auch Frank Sinatra setzte für seinen Stab um Quincy Jones einfach durch, dass sie als Schwarze mit in den Hotels wohnen durften. Die Beatles setzten durch, dass ihr Publikum nicht in Weiße und Schwarze getrennt wurde. Es brauchte immer auch Weiße mit Macht, um dem Rassismus entgegenzutreten.

Um das Engagement von Pannonica de Koenigswarter kursieren viele Geschichten, sie war der gute Engel der Jazzszene. Erstaunlich, was alles geht, wenn die Wohlhabenden sich hingeben. Schaut man in die Welt, dann ist nicht zu übersehen: Es geht mehr. Reichtum ist kein Problem, aber er offenbart den wahren Charakter eines Menschen. Und zwar nicht nur zu seinem Vorteil. Im Wirtschaftsbürgertum verfallen die christlichen Werte, die selbst noch in den Revolutionen der Popmusik eine Rolle spielten, trotz der meist antireligiösen Gesten. Aber bei Johnny Cash, den Beatles, Nick Cave und bis zur wertebezogenen Straight-Edge-Haltung des Hardcore geht es um Liebe und Nächstenliebe. Musiker haben eine Mission, und die ist religiösen Werten oft geistesverwandt. Ihre schöpferischen Ambitionen sind tief und kraftvoll.

Mein Lieblingsbuch über *Die Beatles* stammt von Steve Turner, weil er *Ihre Welt und ihre Botschaft* in den Blick nimmt. Zwischen Agnostizismus und tiefem spirituellen Interesse entwickelt sich der Weg der Fab Four. Es ging der Band laut Paul McCartney nie nur um Musik, sondern um etwas weiter Reichendes. Und zwar um die Veränderung der Wahrnehmung.

> *Der zentrale Rat der Beatles ist also immer, das Bewusstsein zu erweitern – die Augen zu öffnen (»Dear Prudence«), den Geist zu befreien und den Kopf zu verändern (»Revolution«), sehen zu lernen (»Blackbird«), eine andere Art von Geist zu sehen (»Got to Get You into My Life«), auf die Farbe unserer Träume zu lauschen (»Tomorrow Never Knows«),*

*über uns selbst hinauszusehen (»Within You Without You«) oder einfach wahrzunehmen (»Dig It«).*

Spiritualität ist am Ende nichts anderes als die Fähigkeit, seine Wahrnehmung heilsam ändern zu können. Deshalb ist die Musik der Beatles lebensbejahend, es gibt kein falsches Jammern.

Die Beatles hatten auch großen Einfluss auf die Mode. Mein Lieblingshemd ist von Ben Sherman; der Mann hat bedruckte Hemdenstoffe eingeführt. Es ist weiß und übersät mit kleinen Beatles-Schriftzügen. Ich habe eine Vorliebe für weiße Herrenhemden und weiße T-Shirts. Beides ist »klassisch«, auch altmodisch, und zugleich verbunden mit der Musik. Im großartigen Jubiläumsband des Musikmagazins SPEX – *33 1/3-Jahre Spex* – schreibt Oliver Tepel über das weiße Hemd in der Popgeschichte. Ich möchte den Kultstatus noch erweitern und es uns Buchmenschen vorschlagen. Bücher passen in diese weiße Geschichte von Reduktion, Reinheit, Stil und Zeitlosigkeit. Wenn das *deep reading* also wirklich eine Subkultur werden sollte, dann sollten wir weiße Hemden oder T-Shirts tragen. Nur so, als stilles Zeichen, als Protest gegen bunt bedruckte Klamotten. Ich sitze im Lesesessel im weißen Hemd. In der Kunst und in der Kleidung geht es um Ästhetik, jede Subkultur nimmt das ernst.

Auch in der Musik gelten spirituelle Dresscodes. Der Habit der Kartäusermönche ist naturfarben, die Benediktiner tragen Schwarz und die Dominikaner Weiß. Die Robe der Zen-Mönche ist schwarz. Die Blues Brothers trugen schwarze Anzüge. Johnny Cash war der *man in black.* Zwischen Musik und

Spiritualität besteht eine enge Verbindung, am stärksten in der christlichen Kultur. Ohne Musik kann man das Christentum kaum verstehen, und das liegt nicht nur am Weihnachtsoratorium von Johann Sebastian Bach. John Coltrane hat mit seinem Album *A Love Supreme* ein zeitloses inniges Gebet aufgenommen. Und die Musik- wie die Kunstgeschichte sind ohne das Christentum gar nicht denkbar. Johnny Cash, Bob Dylan und Nick Cave waren und sind leidenschaftliche Bibelleser. Ohne das Christentum sei seine Musik gar nicht zu verstehen, und er müsse wohl einige enttäuschen, wenn er sage, er sei kein Atheist – so Nick Cave bei einer seiner *Conversations*.

Es wundert daher nicht, dass Navid Kermani in seinem *Buch der von Neil Young Getöteten* die Musik als etwas Mystisches wahrnimmt. Sie ist der Ausdruck spiritueller Erfahrung, die die sinnliche Erfahrung erweitert und vertieft:

> *Vor vielen Jahren stieß ich auf eine Handschrift, in der von Mystikern die Rede sein sollte, die den Koran gehört haben und darüber gestorben sind.* Das Buch der vom Koran Getöteten *hieß sie. Noch bevor ich die Handschrift studierte, faszinierte mich der Titel. Ich hatte das Gefühl genau zu wissen, was gemeint war. Zu der Zeit hörte ich oft* Down By The River, *und das zog mir jedesmal das Herz zusammen, bis ich für eine Zehntelsekunde meinte, zu ersticken. Mittlerweile habe ich das Buch (...) gelesen, darüber ein eigenes Buch geschrieben und herausgefunden, dass meine Annahme stimmte und sich auf eine ästhetische*

*Grunderfahrung bezieht, die Menschen seit jeher versuchen zu rationalisieren.*

Auf hohem Niveau ist Kreativität etwas, das in Kontakt mit dem Höchsten kommt. Es geht um die Schöpfung, und der sind wir ausgeliefert. Wir können uns ihr hingeben, wenn wir die Ohren öffnen. *Hingabe* ist auch ein Band mit Texten von Patti Smith betitelt, aber meine bewegendste Begegnung mit ihr hatte ich in *Just Kids!* Auch hier spielt der Zufall eine Rolle. In Greenwich Village, New York, stöberte ich in einem kleinen Buchladen, und der Buchhändler fragte mich, was ich gern lese. Ich sagte *M Train* von Patti Smith, und er: »Ah, Patti, die war eben noch hier, sie wohnt um die Ecke.« Meine Hände mit ihrem Buch begannen zu zittern. Patti Smith, eben noch hier! Ihrer Hommage an die Jahre mit dem Fotografen Robert Mapplethorpe stellt sie folgende Zeilen voran:

*Es wurde vieles über Robert gesagt, und so vieles ist noch zu sagen. Junge Männer werden seinen Gang imitieren. Junge Mädchen in weißen Kleidern werden um seine Locken weinen. Man wird ihn verdammen und verehren. Seine Exzesse geißeln oder romantisch überhöhen. Am Ende wird man die Wahrheit in seinem Werk finden, der eigentlichen Verkörperung des Künstlers. Sein Werk wird nicht vergehen. Es entzieht sich dem menschlichen Urteil. Denn die Kunst besingt Gott und ist letztlich sein.*

Die Kreativität ist zwar ein Nebenprodukt meisterlichen handwerklichen Könnens, aber sie ist zugleich *Schöpfung*. Sie kann die Transzendenz nicht ganz loswerden, zumindest nicht ab einem bestimmten Niveau, zumindest nicht, wenn wir Formbewusstsein entwickeln. Ich habe immer geglaubt, nicht an die Kirche, aber an Gott. Meine Wege zum Glauben waren gekennzeichnet durch die Begegnung mit Menschen, durch die Erfahrung in sakralen Räumen, durch Tradition und eigene Gebets- und Meditationspraxis; und vor allem – durch Bücher.

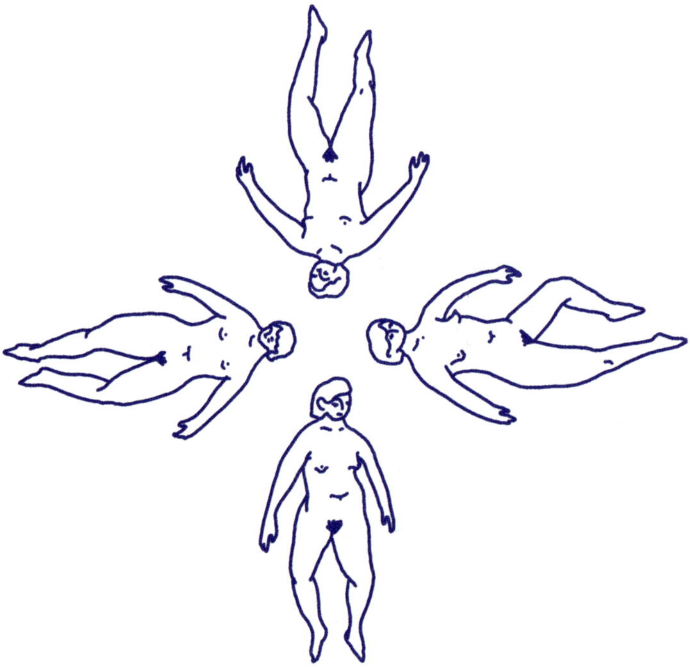

*für Renée Patricia*

# 09

# Sinn für das Unendliche

Ich bin gläubig, aber umstellt von Skeptikern. Ich bin gläubig und habe mit Teilen meiner katholischen Kirche mehr als nur ein kleines Problem. Dennoch trete ich nicht aus; so einfach will ich es ihnen nicht machen. Ich bin auch nicht eingetreten, sondern wurde getauft. Sie müssen auch mit Christen, wie ich einer bin, klarkommen. Tolstoi, Dostojewski, Dylan, Cash, Nick Cave, Lars von Trier – andere Christen, aber Christen. Für viele, die Geschichten erfinden, sind religiöse Texte überaus einflussreich. Ohne das Christentum und die Antike lässt sich die Literaturgeschichte nicht verstehen. Meine Religion besteht aus einer Orientierung an den alten benediktinischen und jesuitischen Ordenstraditionen, der Soto-Zen-Praxis und dem Interesse an traditionellen spirituellen Schulen. Die christlichen Orden wurden oft als Protest gegen Missstände in der Amtskirche gegründet; einer dieser protestierenden Mönche war auch Martin Luther, der das Buch der Bücher in die Volkssprache übersetzt hat. Sein Hochdeutsch prägt und verändert alles Geschriebene. Wenn Menschen mir nach der Lektüre meiner Bücher schreiben, sie glaubten zwar nicht an Gott, ich habe sie aber zum Innehalten und Nachdenken gebracht, empfinde ich das als Lob. Wenn ich Post aus Klöstern bekomme, bin ich darauf stolz. Nonnen und Mönche sind für mich die »Profis« religiöser Lebensform, sie reden nicht herum, sind nicht »eng« in ihrem Glauben, sondern sie geben sich einer spirituellen Praxis hin.

Nach dem Fachabitur bin ich sechs Wochen mit dem Fahrrad durch die Pyrenäen gefahren, um mich selbst zu finden. Dabei hatte ich Zelt und Schlafsack, ein Pink-Floyd-T-Shirt und sonst ziemlich wenig. Aber meine Kladde und zwei Bücher: *Shining* von Stephen King und *Das Glasperlenspiel* von Hermann Hesse. Ich sah mich nicht als verrückt werdenden Hausmeister, aber ganz romantisch als Mitglied eines imaginären Ordens; und wollte ihn am Ende, wie Josef Knecht, verlassen. Hesses Romane waren mir wichtig, der Autor bietet Außenseitern eine Heimat. Auch *Der Steppenwolf* war lange ein Buch, das ich immer wieder an meinem Geburtstag zur Hand nahm. Hesse ist eher für seine spirituelle Wirkung und weniger »literarisch« relevant. Auf die Phase begeisterten Lesens folgt oft ein arrogantes Sich-über-ihn-Erheben. Ich mag dieses Hinunterschauen nicht; ich ehre, was mir wichtig war, auch wenn es Lebensphasen gibt, in denen man das dann nicht mehr versteht. Hesse liest man, wenn man jung ist – und vielleicht noch einmal, wenn man um die sechzig ist; jedenfalls kommt vieles zurück. *Das Glasperlenspiel* ist mir ein wichtiger Roman geblieben. In *M Train*, den Erinnerungen von Patti Smith, findet sich ein Foto von Hesses Schreibmaschine.

Auf eine Lebensphase zurück schaut auch der Franzose Emmanuel Carrère in *Das Reich Gottes*. Ein teilfiktionalisierter Autor stellt sich seinem alten Tagebuch, das er in einer sehr christlichen Lebensphase schrieb. Er macht sich auf die Suche nach seinem Vergangenheits-Ich, und er berichtet von der innigen Freundschaft mit einem fest im Glauben verankerten Christen. Zugleich erzählt das Buch die Geschichte des Revolutionärs Paulus und des Intellektuellen Lukas; ein romanhaft-essayistischer Blick auf das Frühchristentum, in einem ganz eigenen nicht theologischen Ton gehalten. Weder Roman noch Sachbuch, nicht nur Autobiografie, nicht nur historische Erkundung oder nur Tagebuchreflexion – oder alles zugleich –, Carrère erfindet seine eigene Gattung. In Frankreich sind die Verleger mutig und veröffentlichen Bücher, die in keine Rubrik passen und gerade dadurch herausragen. Die Welt der Bücher teilt sich eben nicht in fiktiv oder real, in Roman oder Sachbuch, in Lyrik oder Autobiografie. Olga Tokarczuk äußert sich dazu in ihrer programmatischen Nobelpreisrede, die literarischen Gattungen seien wie Kuchenformen, man wüsste vorher, wie es nachher schmeckt. »Ich war immer intuitiv gegen derartige Ordnungen, schließlich führen sie zu einer Begrenzung der schriftstellerischen Freiheit, zu einem Widerwillen gegen Experiment und Transgression, die doch ein wesentliches Merkmal schöpferischer Arbeit sind. Zudem klammern sie jegliche Exzentrik aus, ohne die es keine Kunst gäbe«, schreibt sie in *Der liebevolle Erzähler*.

Die Formen der Wirklichkeitsverhältnisse sind vielfältig, bestenfalls sogar in einem einzigen Buch. Die *Bielefelder Bibel* ist dafür ein gutes Beispiel. Der Buchgestalter Dirk Fütterer hat mit einem Team einen Teil der Heiligen Schrift typographisch verschiedenen literarischen Gattungen nachempfunden. In der Bibel gibt es Gedichte und Gebete, Berichte und Erzählungen, Briefe, Psalmen und Predigten. Warum dafür nur eine Satzart verwenden? Wer die aufregende *Bielefelder Bibel* aufschlägt, erlebt das Buch der Bücher als ein Buch vieler literarischer Gattungen – und er sieht es endlich auch am Schriftbild.

Carrères Blick zurück in seine jungen Jahre und die frühchristliche Zeit ist voller wohldosierter Zweifel, heute fühlt er sich als Agnostiker. Dabei gelingt ihm ein Buch der innigen Suche, zwischen frommer Enge am Anfang und zweifelnder, aber ernster Weite in der Gegenwart. Die Sicherheit ist trügerisch, der Zweifel begleitet den erwachsenen Glauben: Sonst ist es keiner. Gott bringt eine Offenheit ins Leben, auch als Zumutung. Vieles ist Überforderung, das denke ich immer, wenn ich die Bergpredigt lese. Christ zu sein ist gar keine Entscheidung, sondern ein Fernziel. »Ich bin Christ« zu sagen erscheint mir wie eine Selbstadelung; dazu müsste ich meine Feinde lieben. Aber so weit bin ich nicht. Ich versuche, Christ zu werden, und wenn ich ein kleines Stück weiterkomme auf diesem Weg, dann bin ich zufrieden. An die Kardinaltugenden glaube ich fest, und sie sind gleich dreifach als Tätowierung auf meinem Körper: Glaube – Liebe – Hoffnung. Die Passage in der Lutherbibel bleibt eine der größten literarischen Schätze, Paulus, Korinther 13:

> *Wenn ich mit Menschen- und mit Engelzungen redete und hätte der Liebe nicht, so wäre ich ein tönendes Erz oder eine klingende Schelle. Und wenn ich prophetisch reden könnte und wüsste alle Geheimnisse und alle Erkenntnis*

*und hätte allen Glauben, sodass ich Berge versetzen könnte, und hätte der Liebe nicht, so wäre ich nichts. Und wenn ich alle meine Habe den Armen gäbe und meinen Leib dahingäbe, mich zu rühmen, und hätte der Liebe nicht, so wäre mir's nichts nütze. Die Liebe ist langmütig und freundlich, die Liebe eifert nicht, die Liebe treibt nicht Mutwillen, sie bläht sich nicht auf, sie verhält sich nicht ungehörig, sie sucht nicht das Ihre, sie lässt sich nicht erbittern, sie rechnet das Böse nicht zu, sie freut sich nicht über die Ungerechtigkeit, sie freut sich aber an der Wahrheit; sie erträgt alles, sie glaubt alles, sie hofft alles, sie duldet alles. Die Liebe höret nimmer auf, wo doch das prophetische Reden aufhören wird und das Zungenreden aufhören wird und die Erkenntnis aufhören wird. Denn unser Wissen ist Stückwerk und unser prophetisches Reden ist Stückwerk. Wenn aber kommen wird das Vollkommene, so wird das Stückwerk aufhören. Als ich ein Kind war, da redete ich wie ein Kind und dachte wie ein Kind und war klug wie ein Kind; als ich aber ein Mann wurde, tat ich ab, was kindlich war. Wir sehen jetzt durch einen Spiegel in einem dunklen Bild; dann aber von Angesicht zu Angesicht. Jetzt erkenne ich stückweise; dann aber werde ich erkennen, gleichwie ich erkannt bin. Nun aber bleiben Glaube, Hoffnung, Liebe, diese drei; aber die Liebe ist die größte unter ihnen.*

In einen Orden zu gehen, mit dem Gedanken habe ich gespielt, als ich in den Pyrenäen einen Mönch traf. Nach einem miesen Tag, in dem ich mich über zwei Bergpässe gequält hatte, landete ich ohne Essen auf einem einsamen Campingplatz, unter dem hochsommerlichen Sternenhimmel. Der einzige Mann, der dort war, hat mit mir sein Essen geteilt. Ich konnte eine Nacht mit dem jungen Mönch sprechen, er selbst ein Suchender. Mich hat diese Begegnung geprägt und bestärkt. Am nächsten Tag verabschiedeten wir uns, und ich fuhr erfrischt weiter.

Viktoria Peters ist mit Anfang zwanzig den radikalen Weg ins Kloster gegangen und hat ein erstaunliches Buch darüber geschrieben. Während andere in Subkulturen abtauchen, wird sie Novizin. In *Was in zwei Koffer passt* erzählt sie von ihrer Sinnsuche als Benediktinerin. »Aber erwarten Sie keine fromme Romantik, die gibt es bei uns nicht«, sagt ihr Schwester Hedwig, die ihre Neugier aufs Klosterleben geweckt hatte. Sie begegnet in ihr »einer Frau, die von Gott reden konnte, ohne dass es peinlich war. So hat das angefangen.« Das Buch räumt mit sentimentalen Klischees auf, im Kloster ist vieles anders als erwartet. Sie schildert ihre Freundschaft mit eigenwilligen, unsentimentalen und großartigen Frauen. Die Autorin selbst erscheint als widerspenstige Person, die immer nur knapp die Zustimmung der nötigen Mehrheit bekommt. Viktoria lässt sich nicht verbiegen und findet dafür auch Solidarität. Aber sie bleibt, auch nach vielen Jahren, noch immer auf der Suche, fühlt ihre Existenz als Dauerexperiment und verlässt das Kloster schließlich wieder, um zu heiraten. Romantisch allerdings ist der Ort, an dem sie ihren Mann kennenlernt – in einer Klosterbuchhandlung. Sie heiratet den Autor Christoph Peters, der viele Jahre später ein wunderbares, tiefes Buch über Tee schreiben wird.

In einer Klosterbuchhandlung, auf Empfehlung eines Benediktinermönchs, habe ich ein Buch gekauft, das mich religiös noch mehr berührt hat als musikalisch. Der Geigenbaumeister Martin Schleske hat in *Der Klang* seine handwerkliche Arbeit beschrieben, berichtet aber in einer tiefen Weise *Vom unerhörten Sinn des Lebens* (so der Untertitel). Auch an diesem Buch zeigt sich die Vernetzung der Themen, zu denen Buchmenschen eine Nähe haben – es lag zuerst auf dem Stapel für mein Kapitel über Musik. Das Buch ist aber derart religiös und philosophisch, dass die Geige, das Handwerk und die Musik eher zum Anlass werden. Kreativität entsteht als Nebenprodukt meisterlichen Könnens; und daher kann ein Geigenbaumeister ein meisterliches Buch über christliche Lebenskunst verfassen. *Die Welt ist Klang* hieß ein Klassiker des Papstes der Jazzliteratur, Joachim-Ernst Berendt, und auch *Die Ordnung der Klänge* von Robert Schafer erschließt sich über das Hören ozeanische Dimensionen. Eine Philosophie ohne Sound ist taub. Am tiefsten hinab, für gläubige Menschen, reicht aber der Klang des Buches von Martin Schleske. Im ersten Kapitel nimmt er den Leser mit in den Wald auf die Suche nach einem »Tonholz«; nicht alle Bäume eignen sich für den Geigenbau. Das lange Durchstreifen der unzugänglichen Gegend, das Klopfen gegen die einzelnen Stämme, das Horchen, genaue Betrachten und intuitive Fühlen:

> *Das Leben ist kein Weg im Flachland, wo die Dinge schnell wachsen und einfach zu finden sind, sondern es geht durch die Brüche, Widrigkeiten und Unwegsamkeiten hindurch.*

*Eins ist allen Wegen der Gottsuche gleich: Ein leidenschaftsloser Geist ist der gefährlichste Feind des Glaubens. Es ist eine subtile Form des Unglaubens, wenn man sich an das, was man glaubt, gewöhnt hat.*

Es wird schnell deutlich, dass hier kein Dogmatiker spricht. Hier denkt jemand schreibend darüber nach, wie sich Gott in allem findet, vermittelt über das Handwerk, welches die Grundlage der Kunstausübung bildet. Die Geige ist aus der christlichen Musikgeschichte nicht wegzudenken; ein Instrument, das einen unendlichen Ton erzeugen kann – auch der Glaube zelebriert diese Unendlichkeit. Das Buch ist voller Bibelzitate, Gott und Jesus werden ständig erwähnt (ein ganz anderer Weg als in meinen Büchern, in denen ich versuche, explizite Nennungen zu meiden), aber bei Schleske wird Gott zum Klang. Mir sehr nah sind die kraftvollen Töne, mit denen er zum kreativen Leben auffordert:

*Man muss sich nicht für die inneren Gesetze der Schönheit interessieren, zumindest dann nicht, wenn es einem reicht, das Gelingen des eigenen Lebens dem Zufall zu überlassen. Wir entscheiden selbst darüber, ob wir Konsumenten oder Künstler unseres Daseins sind. Der Konsument muss nichts begreifen. Der Künstler aber muss eine innere Gewissheit darüber haben, welche Gesetze es ihm erlauben und welche es ihm verbieten, das auszudrücken, was er will.*

Die Kreativität scheitert nicht am Mangel an Ideen, sondern am fehlenden Mut der Realisierung. Am handwerklichen Defizit, am mangelnden Fleiß, am zu schnellen Aufgeben. Der Handwerker Schleske weiß, dass es im Material tiefste Chiffren des Seins gibt, aber es zeigen sich auch die unerbittlichen Grenzen der Welt. Das macht ihn demütig, und er lotet einen Glauben aus, der in seiner Tiefe die Andersartigkeit anderer anerkennt, der nie eng und pervertiert wird. Es entsetzt mich, wenn die Weltreligionen dafür genutzt werden, Gewalt auszuüben. Man konnte Christ sein oder für Donald Trump, aber nie beides. Es waren entsetzliche Bilder, die ihn mit der Bibel in der Hand zeigten. Die klare, konsequente Distanzierung von antichristlichen Machthabern hat mir von den Kirchen gefehlt! Wie ich für mich dieses Verhältnis von religiöser Erfüllung und religiöser Gefahr in Worte fassen konnte, wie ich es sortieren soll, war mir lange unklar. Es war ein Gefühl, eine Angst, aber kein ausformulierter Gedanke. Bis sich der berühmteste Philosoph der Gegenwart mit dem ein Jahr später gewählten Papst in einer katholischen Akademie zu einem Gespräch traf: Am 19. Januar 2004 diskutierten Jürgen Habermas und der spätere Benedikt XVI. die *Dialektik der Säkularisierung*. Das vielleicht wichtigste Werk in meinem Regal spiritueller Literatur ist ein unscheinbares Bändchen von nur vierundsechzig Seiten, in der schmucklosen Ausgabe der »Bundeszentrale für politische Bildung«. (Ich pilgerte als Student wöchentlich ins Medienzentrum der »bpb« und nahm Bücher mit.) Dass welteinschneidende Werke nicht umfangreich sein müssen, wissen wir seit der Poetik von Aristoteles oder dem Kapitel *Der Großinquisitor* aus *Die Brüder Karamasow*. Am Ende der Gelehrtenbegegnung zwischen dem Philosophen der Vernunft und dem Kirchenfürsten fasst Kardinal Ratzinger prägnant zusammen, und das bildet mein Credo:

> *Wir hatten gesehen, dass es Pathologien der Religion gibt, die höchst gefährlich sind und die es nötig machen, das göttliche Licht der Vernunft sozusagen als ein Kontrollorgan anzusehen, von dem sich die Religion immer wieder reinigen und ordnen lassen muss (...) Aber in unseren Überlegungen hat sich auch gezeigt, dass es (...) Pathologien der Vernunft gibt, eine Hybris der Vernunft, die nicht minder gefährlich, sondern von ihrer potentiellen Effizienz her noch bedrohlicher ist: Atombombe, Mensch als Produkt.*

Für beide gilt, was Martin Schleske schreibt. Er »will mit Blick auf Gott kein Wissender, sondern ein Suchender sein«. Benedikt war als Papst zu konservativ, und das nahm bedrohliche Züge an, aber in Franziskus realisiert sich ein anderer Stil, vielleicht erfüllt sich in Rom irgendwann stärker die Kontrollinstanz der Vernunft. Ich habe eine Aversion gegen unhinterfragte religiöse Autoritäten, gegen das bürgerlich-frömmelnde Frauenbild, den heuchlerischen Rassismus mancher christlicher Sekten und gegen versponnene Esoterik und Ersatzreligionen.

Aus einem beeindruckenden Buch von Mircea Eliade habe ich gelernt, dass auch Quasi-Heiliges im Weltlichen immer wieder auftaucht – denken wir nur an die Vergötterung von

Fußballern, Popstars oder politischen Despoten. Beyoncé erscheint als eine Art »griechische« Göttin. *Das Heilige und das Profane*, so der Buchtitel, hat es in sich. Die religiösen Strukturen der langen Menschheitsgeschichte gehen durch alles hindurch. Im Science-Fiction-Film und in den Superhelden begegnen wir Messiasfiguren, im Roman folgen wir Passionsgeschichten, und in Gemälden sehen wir den ikonischen Aufbau.

Es ist schwer, nicht den Klischees stumpfer Religionskritik zu erliegen, sondern den spirituellen Kern der Weltreligionen zu erkennen. Ernste Religion ist ein tiefes Empfinden, eine Art zu handeln und stellt sich modernem Denken. Spiritualität erfordert permanente Übung, um die eigene Wahrnehmung heilsam zu verändern. Sie ist weder Wellness noch Entspannungsprogramm. Die Religionen betrifft, »was das Individuum mit seiner Einsamkeit macht«, wie es der britische Philosoph und Mathematiker Alfred Whitehead schrieb. Dafür ist das *deep reading* eine immerwährende Übung. Lesen als stiller, konzentrierter Vorgang, der das Wissen erweitert und die Wahrnehmung öffnet. Lesen als Versenkung. Ein Buchmensch wird nie Dogmatiker, er kennt die Vielfalt des Gewesenen und die Uneindeutigkeiten menschlicher Geschichten – er verwechselt sich nicht mit Gott. Ich mag daher Agnostiker. Sie sind sich nicht zu sicher, sie leugnen Gott nicht, nutzen ihn aber auch nicht als Ausrede. Auch deshalb mein Hang zum Buddhismus: Zum einen ist er mit seinen Kontemplationstechniken handlungsorientiert, zum anderen macht man sich um Gott und die Erleuchtung keine Gedanken. Man fragt einen Buddhisten nicht »glaubst du?«, sondern »praktizierst du?«. Das Gerede über Nächstenliebe oder christliche Werte im Allgemeinen hat wenig Bedeutung, es sind oft leere Worte – aber die, die Flüchtende aus dem Meer retten oder mutig mit ihren Booten zwischen Wale und Walfänger fahren, schützen die Schöpfung. Ich glaube, die Mitglieder der Meeresschutzorganisation *Sea Shepherd* tun mehr für das Seelenheil als mancher Kirchgänger.

Man kann sich religiösen Phänomenen nähern, indem man ihre Traditionen studiert, ihre Ästhetik betrachtet, kundigen Menschen begegnet, und liest. Die drei abrahamitischen Religionen sind Buchreligionen, Theologen sind gelehrte Menschen und daher zwangsläufig Buchmenschen. Lesen, Beten und (körperlich) Arbeiten ist nach dem Ordensgründer Benedikt das spirituelle Dreieck religiöser Lebenskunst. Mir fehlt dazu nur noch der Genuss, der zu Unrecht ins Reich der Sünde verbannt wurde. Wer genießen kann, ohne anderen zu schaden, feiert die Schöpfung. Die Liebe, die wir brauchen, ist nicht nur platonisch.

Eine meiner stärksten spirituellen Leseerfahrungen war für mich ein ganz weltliches Buch von Stephen Batchelor. Der Schotte lebte zehn Jahre als ordinierter buddhistischer Mönch in Indien beim Dalai Lama, gab dann aber seine Robe wieder ab. Nach der Lektüre von *Buddhismus für Ungläubige* hörte ich einen Vortrag von ihm auf einer Tagung und las sofort auch die *Bekenntnisse eines ungläubigen Buddhisten*. Die Kongresse der Deutschen Buddhistischen Union hinterlassen einen starken Eindruck. Man hört dort Vorträge von Menschen, die ihre Konzentration schulen, Achtsamkeit praktizieren, die einen Weg gehen. An der Begegnung mit diesen Leuten beeindruckte mich, wohin die konsequente Übung führen kann. Die meisten Vorträge, die ich hörte, wurden frei gehalten. Sie waren druckreif formuliert, humorvoll, gelassen und konzentriert, ohne esoterischen Wirrwarr, welt- und alltagsverbunden, klar und voller Erfahrung. Ich war von dieser Form, also dem Ergebnis der Meditationspraxis, ebenso angetan wie von den Inhalten.

Batchelor sieht religiöse Systeme als Antworten auf existenzielles Leiden, aber berücksichtigt auch, dass sie mit ihrer Entstehungszeit eng verbunden sind. Daher kann er nicht bruchlos übernehmen, was Buddha (oder Paulus) verkündeten. Aber er legt einen Kern frei, eine gegenwärtig-glaubhafte Praxis, die das Leben heilsam bereichert. Religiöse Regeln seien nicht wahr, weil sie mit der Realität übereinstimmten, sondern »weil sie, wenn man sie in die Praxis umsetzt, die Qualität des eigenen Lebens verbessern können«. Damit wird die Spiritualität nicht abgetrennt von der Philosophie der Moderne, sondern zur praktischen Philosophie angesichts des Transzendenten. Auch dies ist eine Geschichte des Denkens.

Jürgen Habermas hat ein Jahrzehnt, zwischen seinem achtzigsten und neunzigsten Lebensjahr, an einer zweibändigen Philosophiegeschichte geschrieben, er zieht die Summe seines langen Denkerlebens. Er folgt den *Spuren des Diskurses über Glauben und Wissen*. Die großen Denker hatten häufig Kontakt zum Glauben, zwar oft ablehnend, aber immer wieder auch tief und ernsthaft. Ich neige zu Lektüren, die *für* etwas sind, die *mit* den Dingen gehen und sich nicht im *Dagegen* einrichten. Dies ist auch ein Grundsatz buddhistischer Psychologie: Womit wir uns beschäftigen, das wächst in uns. Wenn wir heilsamen Gedanken mehr Raum geben, minimieren wir die destruktiven Anteile. Auch der für mich bedeutendste Existenzphilosoph, Karl Jaspers, widmete sich dem *Philosophischen Glauben angesichts der Offenbarung*. Er stellt sich der Transzendenz, dem alles »Umgreifenden«, wie er es nennt, etwas jenseits der Worte, dem wir in Grenzsituationen des Lebens begegnen. Die Offenbarungen der großen Religionen liest er als Chiffren für das Unfassbare.

Immer wieder haben mich philosophische Bücher mit religiösem Unterton gefangen genommen und mein Leben verändert. Ich bin als Leser erst glücklich, wenn ich eine Theorie in meinem Alltag anwenden kann, wenn ich eine Theorie »an mir erlebe«, wie Simone de Beauvoir schrieb. Irgendwann habe ich mich gefragt, warum so viele Tierheime nach Albert Schweitzer benannt wurden – und stieß auf seine Texte zur *Ehrfurcht vor dem Leben*. Sie haben mich zum Vegetarier gemacht. An Schweitzer fasziniert mich die Breite seines Wirkens: Er war bedeutender Arzt, Seelsorger, Musiker, Theologe und Philosoph. Das christliche Tötungsverbot reduziert er nicht nur auf den Menschen, »Du sollst nicht töten« betrifft alles, was lebendig ist und leben will.

> *Der denkend gewordene Mensch erlebt die Nötigung, allem Willen zum Leben die gleiche Ehrfurcht vor dem Leben entgegen zu bringen wie dem seinen. (...) Mit allem, was lebt,*

*sind wir durch Wesensverwandtschaft und Schicksalsgemeinschaft verbunden.*

Es braucht nicht vieler Worte, sondern nur grundlegender, orientierender Einsichten. Die Bibliothek spiritueller Lebenskunst muss gar nicht so umfangreich sein, wenn die wenigen Werke die nötige Tiefe haben. Zu viel Lektüre, zu schnelle Lektüre verwässert die basalen Einsichten. Um selbst verschuldeter Unmündigkeit zu entkommen, sollte man lesen: *I have a dream* von Martin Luther King, Virginia Woolfs *Ein Zimmer für sich allein*, den kurzen Briefwechsel von Albert Einstein mit Sigmund Freud zum Thema *Warum Krieg?* oder Immanuel Kants *Beantwortung der Frage: Was ist Aufklärung?*. Für Buchmenschen kämen Texte über Literatur hinzu; ich glaube, dass jeder *Frauen lesen anders* von Ruth Klüger gelesen haben sollte, um sich grundsätzlich orientieren zu können. Ein Blick in *Das andere Geschlecht* oder die Essays von Simone de Beauvoir könnten vor allem Männern die Augen öffnen! Der Hinweis auf diese Texte betrifft nicht nur die Informiertheit oder den Bildungsgrad; es sind heilige Texte der Moderne, man kann sie als spirituelle Anregung und wiederholt lesen. Es sind die Texte, die vor der *Pathologie des Glaubens* schützen, also gehören diese weltlichen Bücher zum »Sowohl-als-auch« des Glaubens.

Spiritualität, die immer wieder einen großen Hang zum Schweigen und zur Stille hat, erleben wir jenseits des Geredes. Der Vorgang des Lesens ist ein stiller, klarer, versunkener. Wie die Musik uns den Glauben nahebringen kann, so kann es auch die Lyrik. In der christlichen Tradition enorm ergreifend ist die Vertonung eines mittelalterlichen Gedichtes, des *Stabat mater* von Giovanni Pergolesi. Setzen Sie sich in einen dunklen Raum, zünden Sie eine Kerze an, und hören Sie sich das Stück an. Ich selbst lese wenig Lyrik, vielleicht ändert sich das noch. Ein christlicher Autor und Gestalter, Stefan Weigand, hat mir allerdings vor vielen Jahren die *Psalmen* von SAID geschenkt. Das Paket kam unerwartet, in seiner Widmung schreibt er: »Dieses Buch wollte ich dir schon länger schenken. Einfach so.« – Heute sehe ich es als Wink und Fügung. Ich trage das Buch herum, es liegt am Bett, es geht mit auf Reisen, ich lese es anderen vor. Hier wird in lyrischer Form erfasst, was viele Denker umkreisen und viele Gläubige fühlen.

*herr*
*ich will die differenz nicht anerkennen*
*zwischen dem schöpfergott und dem erlösergott*
*dafür gelobe du*
*keinen unterschied zu machen*
*zwischen gottesfürchtigen und gottessuchern*
*und schaffe die frommen ab*
*die uns im wege stehen*
*denn sie betonen nur das trennende*
*vernimm mein täglich gebet*
*das ich stumm an die schönheit richte*

Lesen, wie ich es mir in seiner tiefsten Variante vorstelle, oszilliert zwischen Glauben, ästhetischer Empfindung und Wissen. Die Kreativität ist mit der Transzendenz eng verbunden, die Kunst ist mit ihr innig verbunden. Patti Smith feiert das nicht nur in ihrer Musik, sie formuliert diesen Anspruch für ihr poetisches Leben auch in ihren Büchern, zum Beispiel in *Hingabe*. Sich hinzugeben, statt sich aufzugeben, hat für mich eine spirituelle Dimension. Hingabe ist ein Art höchster Konzentriertheit, sie ist weit und ganz, und sie schöpft ihre Energie aus heilsamen Quellen:

> *Was ist der Traum? Etwas Schönes zu schreiben, das besser wäre als ich, das meine Versuche und meine Fehler rechtfertigen würde. Durch ein Chaos von Worten zu beweisen, dass Gott existiert.*

Wie kommen wir diesem Traum näher?

# 10

*für Micha & Dorle*

# Trunken an Nüchternheit

Patti Smith liebt Cafés, sie beschreibt sie im ersten Kapitel von *M Train*, aber ob sie gern Tee trinkt, das weiß ich nicht. Sie schätzt die Romane von Haruki Murakami, in denen oft schwarzer Tee getrunken wird, nicht gerade typisch für Japan, das Land des Grüntees. »Tee und Zen haben den gleichen Geschmack«, auf das Zitat stößt man in den spirituellen Texten Ostasiens. Für den Teemenschen existiert nur ungezuckerter Grüntee, Schwarztee oder Oolong. Der Geschmack guten Tees ist sehr eigen; Tee ist ein klares und klärendes Getränk. Die Ausstellung dazu im Kölner Museum für Ostasiatische Kunst hieß passenderweise *Trunken an Nüchternheit*. Man kann sich am Gefühl absoluter Klarheit berauschen. Sollte mein Buch bis nach New York bekannt werden – mein Traum wäre es, Patti Smith eine Schale Tee zuzubereiten. Ich würde mit ihr über die Bücher von Roberto Bolaño, ihre Begegnung mit Jimi Hendrix und ihren Glauben sprechen. Sie blickt gern lesend zurück und neigt zu Klassikern, eine moderne, aber nie postmoderne Frau.

1906 muss ein besonderes Jahr gewesen sein. Gustav Mahler und Richard Strauss spazieren vor der Premiere von *Salome* gemeinsam durch Graz. In München wird Klaus Mann geboren. Die Handlung in Toni Morrisons Roman *Jazz* hebt an – und in Japan erscheint Kakuzō Okakuras *Buch vom Tee*. Auf Seite 100 findet sich die Brücke, die das vorangegangene Kapitel über Religion mit diesem verbindet:

> *In der Religion liegt die Zukunft hinter uns. In der Kunst ist die Gegenwart das Ewige. Die Teemeister hielten echtes Kunstverständnis nur bei denen für möglich, die unter seinem lebendigen Einfluss stehen. So versuchten sie ihr tägliches Leben nach dem hohen Stand der verfeinerten Lebensart einzurichten, die im Teeraum herrschte. In allen Lebenslagen sollte eine heitere Ruhe der Seele bewahrt werden, und die Unterhaltung sollte so geführt werden, dass sie nie die Harmonie der Umgebung störte.*

Das *Buch vom Tee* vollendet eine jahrhundertealte Gattung ostasiatischer Erkenntnissuche, die darin besteht, über Tee zu schreiben, aber das ganze Leben zu thematisieren. Es geht hier um Kunst und Alltag, Lebenskunst und ausgefeilte psychologische Entwicklung, kulturelle Eigenheiten und eine Philosophie menschlicher, vollendeter Kommunikation. Der Umgang mit Tee ist ein bewusster Umgang mit Menschen, denen er serviert wird. Es geht nicht um die Kulinarik verschiedener Teesorten, sondern darum, wie man das Leiden der Welt verringert, indem man mit jemandem eine Schale Tee teilt. Die japanische Teezeremonie war im kriegerischen Mittelalter eine stille Friedensbewegung, die klassenunabhängige, achtsame Kommunikation ermöglichte. Tee zu trinken wird als Weg einer spirituellen Alltagskunst beschrieben, als ein Selbstbildungsprogramm, das Heilsames in die Welt bringt. Der Fokus der Lebenskunst liegt nicht im vergeblichen Lösungsversuch übergroßer Sinnfragen, sondern im Alltag.

> *In dem flüssigen Bernstein, im elfenbeinfarbenen Porzellan mag der Wissende die süße Sprödheit des Konfuzius, die Schärfe des Laotze und den ätherischen Duft des Shakyamuni selbst spüren. Die nicht die Kleinheit großer Dinge in sich fühlen, die werden auch die Größe kleiner Dinge in anderen übersehen.*

Die Aufmerksamkeit richtet sich nicht auf einen unfassbaren Sinn des Lebens, sondern auf greifbare Teeschalen und Keramik, auf die konkreten Bewegungsabläufe während des Teezubereitens, auf das, was uns dabei durch den Kopf gehen sollte und was nicht. Tee zuzubereiten und ihn zu trinken, das klärt den Geist. Der Grüntee selbst drückt das durch Farbe, Geschmack und Wirkung zugleich aus. Ein guter Tee verbreitet immer dann Harmonie, wenn der Mensch, der ihn zubereitet, in sich ruht und frei von destruktiven Emotionen ist. Der Teemeister Sen Sōshitu XV. fragt:

> *Haben Sie schon einmal versucht, Tee zu bereiten, wenn Sie wütend waren?*

Er weist auf das subtile Verhältnis zwischen Menschen hin, die sich Tee servieren. Im wunderbaren Band *Der Geist des Tees* heißt es:

*Der Gastgeber ist ein Handelnder. Zugleich muss er aber auch den Geist der Gäste verstehen, die gekommen sind. (...) Wenn Menschen einander dienen, kann ein beidseitiges Glücksgefühl entstehen. Erweisen Sie ihm oder ihr ohne Unterschied Respekt, als wären Sie beide nackt. (...) Es ist wichtig, um eine unaufdringliche Sorgfalt bemüht zu sein.*

Man kann Aspekte der formvollendeten und zugleich natürlich fließenden Teezeremonie in den Alltag hinüberretten. Dazu braucht es nicht viel, nur einiges muss man lassen. Kochen Sie keinen Tee nebenbei, sondern bereiten Sie ihn bewusst zu. Achten Sie auf alle Details und schöne Keramik. Verwenden Sie guten, unparfümierten, reinen Tee, achten Sie auf die Temperatur des Wassers und die Ziehzeit. Schenken Sie den Gästen ungeteilte Aufmerksamkeit, wie der Teemeister Rikyu schrieb. In einer solchen Sichtweise auf den Umgang mit Tee wird eine ganze Anthropologie entworfen, und zwar die einzige, die zugleich Gastrosophie ist. Tee wird zubereitet und getrunken. Okakura beschreibt die Wirkung des Tees:

*In unserer Alltagssprache reden wir vom Menschen ohne Tee in sich, wenn er für die Tragikomik des eigenen Erlebens unempfänglich ist. Dagegen lehnen wir auch wieder jeden unbeherrschten Ästheten ab, der, ohne Rücksicht auf die irdische Tragödie, sich von der Flut seiner entfesselten Gefühle fortreißen lässt, als einen, der zu viel Tee in sich hat.*

Kommen wir auf Jan Kollwitz zurück, der seinen speziellen japanischen Brennofen an der Ostsee betreibt. In seiner Ausbildung in Japan hat er Hunderte Teeschalen getöpfert, und sein Meister hat sie alle abends vor dem Brennen wieder eingestampft. Eine Teeschale anzufertigen, diese vordergründig ganz schlichte Form, gehört zur höchsten Kunst. Kollwitz berichtet davon, dass auch nach einer sieben- bis zwölfjährigen Ausbildung davon abgeraten wird, sich vor dem fünfzigsten Lebensjahr an eine Teeschale zu wagen.

> *Der Hauptfeind bei der Herstellung von Teekeramik ist der gute Wille. Der zweite Feind ist der Wunsch, etwas Besonderes zu tun.*

In der Beschäftigung mit der Teekeramik spiegelt sich die ruhige Leidenschaft des Teemenschen, so wie die private Büchersammlung den Buchmenschen spiegelt. Sobald ich eine Wohnung betrete, empfinde ich den Wunsch, mir die Bücher dort anzuschauen – sie sind ein erweitertes Porträt des Bewohners. Wohnungen, in denen sich kein einziges Buch befindet, sind seelenlos. Das Gute an Büchern: Egal, was Sie interessiert, Sie können Bücher dazu sammeln und steigern damit, was immer Sie auch tun. Man sieht nur, was man weiß – ob über Tee, Kleidung, Fotografie, Ernährung oder alte Motorräder; die Bücher speichern das Wissen und bereichern in analoger Weise Ihre Passion. Sammeln Sie, was Sie wollen – zur ruhigsten Reflexion kommt man erst, wenn man in ein Buch versunken bei einer Schale Tee sitzt. Ich sammle

Schallplatten und verliere mich beim Hören in den Bildbänden zur Covergestaltung berühmter Jazzlabels oder in den Büchern über Musiker. Christoph Peters geht in seinem Buch über den Tee auf seine Sammlung von Teekannen ein, er schreibt über das *Leben mit Tee*, sein Büchlein heißt passend *Diese wunderbare Bitterkeit.* Der Arche Verlag hat das Buch zurückhaltend und dem Teemenschen entsprechend gestaltet; die Illustrationen von Matthias Beckmann sind reduziert und schwarz-weiß, sie lullen nicht ein, sondern wecken den Geist des Betrachters. Peters ist ein viel umfassenderer Teetrinker, als ich es bin; er streift durch die orientalische Teekultur, über China und schließlich nach Japan, hat aber ebenso würdigende Worte für die englische und ostfriesische Teekultur. Er schreibt über seine Teewelt, dem Teemenschen angemessen, ohne die geringste Egozentrik. In mir entsteht sofort das Bedürfnis, mit ihm einen Tee zu trinken; und natürlich mit seiner Frau Viktoria (die das Buch *Was in zwei Koffer passt* über ihre Jahre als Nonne schrieb). Wahrscheinlich würde nicht viel gesprochen, aber umso mehr verstanden. Sein Buch deutet darauf hin. Er geht auf den Begriff des »Wabi« ein (der zusammen mit »Sabi« die Grundlagen der japanischen Ästhetik bildet, die sich in der Teewelt spiegeln):

> *Dabei bezeichnet Wabi eher den Aspekt der seelischen Gestimmtheit: eine verhaltene Melancholie angesichts der umfassenden Vergänglichkeit von allem, was da ist, die jedoch nicht in Verzweiflung umschlägt, sondern zu einer ruhigen Akzeptanz gelangt ist. Diese Akzeptanz kommt*

> *unter anderem dadurch zustande, dass mit entsprechend verändertem Blick auf die Dinge gerade die sichtbaren Spuren der Vergänglichkeit ihre eigene Schönheit entfalten.*

Noch einen Autor treffen wir wieder, nämlich Yasushi Inoue, von dem *Das Jagdgewehr* stammt. Er hat sich in einem historischen Roman dem sagenumwobenen Leben und unerklärlichen Freitod des Vollenders der Teezeremonie, Meister Sen no Rikyū, gewidmet. Einer seiner Schüler, der Mönch Honkaku, begibt sich viele Jahre später auf die Suche nach den Ereignissen und führt darüber Tagebuch. Allein dass es von Ursula Gräfe aus dem Japanischen übersetzt ist, verlangt nach Aufmerksamkeit. Der Roman erfordert zwar ein gewisses historisches Interesse und Vorwissen über die Eigenheiten der Teezeremonie, lässt sich dann aber eben nicht nur als spannende Geschichte, sondern auch als Philosophiebuch genießen.

> *Als Chaijin – als Teemenschen – bezeichnet man jemanden, der mit den für die Teezeremonie notwendigen Gerätschaften vertraut ist, ein Kenner ihres Ablaufs ist und auf diese Weise seinen Lebensunterhalt bestreitet. (...) Als Wabisukisha – Teeliebhaber im Sinne des Wabi – bezeichnet man einen Mann, der nichts besitzt, jedoch über drei Kriterien verfügt: innere Entschlossenheit, Schaffenskraft und künstlerische Fähigkeit.*

Hier finden wir die Nähe zu einer Lebensform, die Kreativität begünstigt – Tee und schöpferisches Leben sind Seelenverwandte. Dies erklärt sich leicht aus dem hohen Grad an Kenntnis, Konzentration und Ästhetik der Teekultur, auch aus der Wirkung der Teezubereitung und des Genusses auf den Geist. Wer sich unter Tee- oder Buchmenschen begibt, ist deshalb noch kein Meister; aber er nimmt doch Gewohnheiten an und wird von einem inspirierenden Umfeld gefördert. Ein Teetrinker, der nicht liest, ist mir noch nicht begegnet – und Buchmenschen, die den Tee für sich noch nicht entdeckt haben, haben einen noch unentdeckten Kontinent vor sich liegen, nicht nur literarisch. Dem Tee in der Weltliteratur nicht zu begegnen ist unmöglich. Egal ob bei Dostojewski oder ostasiatischen Autoren, ob in den Teegedanken von Guido Ceronetti, der Ostfriesischen Teezeremonie oder bei Virginia Woolf – es wird Tee getrunken. Solange Sie mich als literarischen Berater in Erwägung ziehen, haben Sie keine Wahl. Gehen Sie einen Tee trinken, bevor Sie weiterlesen.

Sollten Sie gern schreiben, dann wissen Sie, was Lektüre anrichten kann. Romane sind wie wertvolle Kleidungsstücke, die man eine Zeit lang lieben gelernt hat und an die man sich lange erinnert. Später passen sie einem vielleicht nicht mehr, aber in alten Notizen tauchen sie auf, und die Cover wecken Erinnerungen. In diesen Büchern findet sich auch, was Autorinnen und Autoren gelesen haben.

*Seit einigen Jahren arbeite ich im Teeladen. Zuerst war es nur ein Aushilfsjob gewesen, aber jede Tätigkeit dringt mehr in die Seele ein, als man gemeinhin annimmt.*

In meinem Roman *Die Schönheit der Begegnung* lasse ich in der 11. Variation den Protagonisten im Teeladen arbeiten; eine meiner persönlichen Traumvorstellungen. Und das Ergebnis meiner kleinen Sammlung mit Teebüchern. (Er wird auch in einem Fetischstore, einem Buchladen und als Fahrradkurier arbeiten …) Nicht nur jede Tätigkeit dringt tief in uns ein, auch jedes gute Buch. Wir verbringen mit Büchern viel Zeit, und natürlich hinterlässt jeder Satz in uns eine Spur. Das kann auch der Grund sein, ein Buch nicht weiterzulesen. Jede Lektüre lässt in uns etwas wachsen. Wenn Sie etwas lesen über das Gehen, werden Sie sich mehr bewegen, wenn Sie etwas über Jazz lesen, hören Sie mehr Jazz. Und wenn Sie sich dem Tee widmen, werden Ihnen schöne Teeschalen eher auffallen. Wir begegnen in Büchern uns selbst und der Freiheitsliebe – wir begegnen auch Alternativen zu uns selbst, Autoren erfüllen Träume und Albträume. Selten *berichten* sie einfach, bestenfalls *erzählen* sie. Es ist gut, wenn sie nichts behaupten, sondern beschreiben. Dann bleibt Platz für die eigenen Projektionen; in einem Buch versinken bedeutet, sich im Eigenen zu verfangen. Deshalb haben wir das Bedürfnis, über gute Bücher mit anderen zu sprechen, wir sprechen dann auf Umwegen über uns. Das lässt sich gut verbinden mit einer Schale Tee. Oder Sie setzen sich – mit Patti Smiths Büchern – in ein Café. Bücher sind gesellige Wesen. »In einer Teeschale ist immer Frieden«, heißt es im Zen.

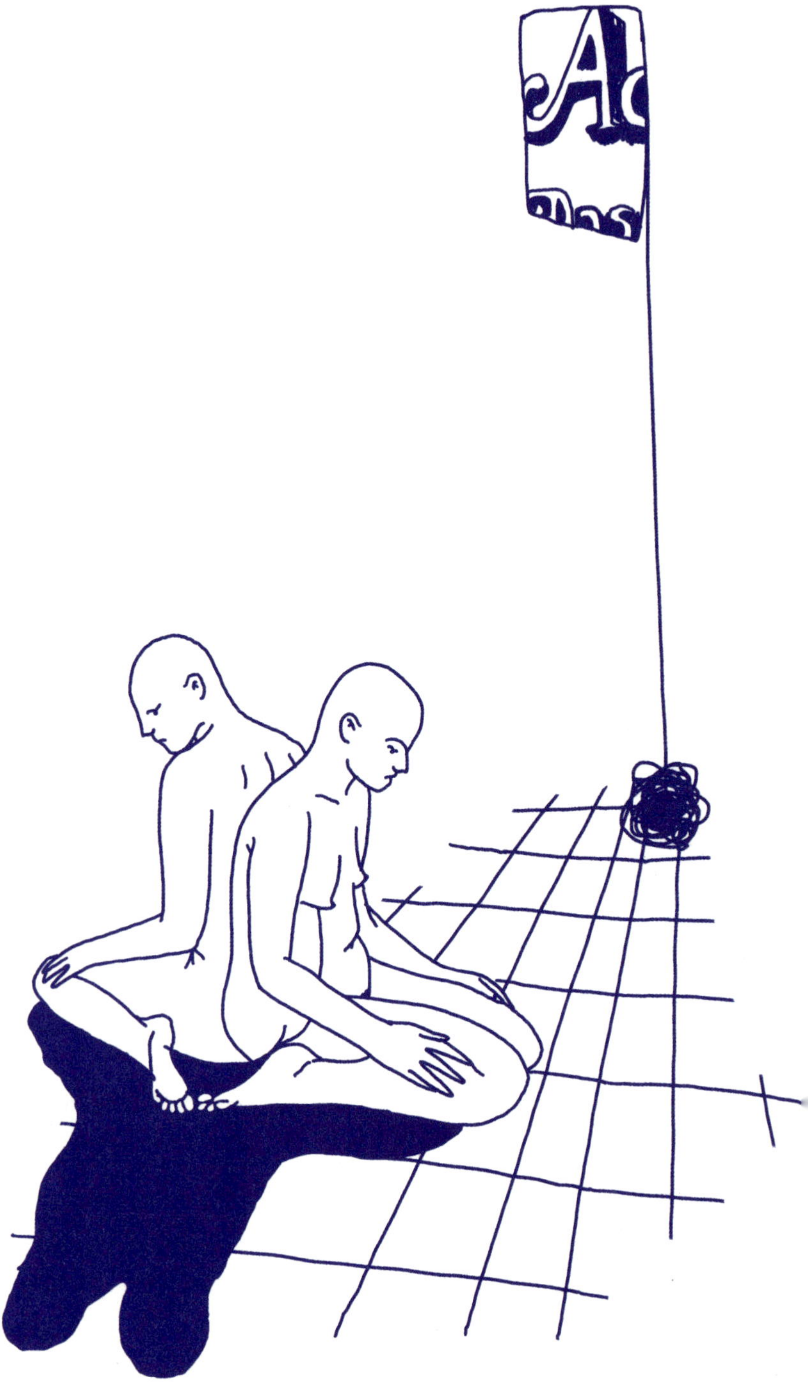

II

# Wie man dicke Bücher liest

*für Melanie*

Es gibt Menschen, mit denen trinke ich ab und zu gern einen Tee, mit anderen ist es ein längerer Abend mit Rotwein. Es gibt die, die sehe ich häufiger, übernachte und bleibe gern zum Frühstück, mit wieder anderen würde ich drei Wochen einen Pilgerweg entlanglaufen. Man kann Menschen auf einer Skala von der Short-Short-Story oder einem Gelegenheitsgedicht bis zum uferlosen Romanzyklus einordnen. Auch Bücher sind wie gute Bekannte, und manchmal können sie zu dicken Freunden werden. Für den Buchmenschen sind sie Lebensabschnittsgefährten, man ist mit ihnen seriell monogam, verabschiedet sie aber nach der Lektüre oder gibt die Bücher sogar wieder weg. Einige Romane jedoch sind *»ever forever«*, mit ihnen geht man Langzeitbeziehungen ein, bis dass der Tod uns scheidet.

Marcel Prousts Roman *Auf der Suche nach der verlorenen Zeit* zu lesen ist, als lasse man sich belletristisch tätowieren. Die Bilder bleiben bis zum Leselebensende, selbst wenn sie blasser werden. Das trifft auf einige Bücher zu, deren Umfang über tausend Seiten umfasst und die die Zeiten überdauert haben. *Middlemarch* von George Eliot oder *Krieg und Frieden* von Lew Tolstoi; aber auch neue Romane entfalten diese Kraft: *Was ich liebte* von Siri Hustvedt, *4 3 2 1* von Paul Auster oder *Das achte Leben (Für Brilka)* gehören ebenfalls in diese Kategorie, *Unterwelt* von Don DeLillo, *Unendlicher Spaß* von David Foster Wallace oder *2666* von Roberto Bolaño. Diese Bücher liest man nicht einfach, man findet sie nicht einfach nur gut und greift zum nächsten. Man nimmt den Kampf mit ihnen auf, man will sie gelesen haben und braucht dazu auch Ambitionen und Durchhaltewillen. Sie hinterlassen dann eine Leere, nach der man kaum das nächste Buch beginnen will. Ich brauche einige Tage, um mich überhaupt auf etwas Neues einlassen zu können. (Am besten liest man in solchen »Buchbeendet-Trauerphasen« die großartigen Romane von Georges Simenon, Raymond Chandler oder Patricia Highsmith.)

Insgeheim träumen viele westliche Autoren davon, ein gewichtiges, ausuferndes Werk vorzulegen, das wie ein Monument im Regal steht. Den ostasiatischen Autoren reichen manchmal hundert Seiten, um das Gewicht von tausend vorzulegen. Peter Handke hat einen Fünfhundert-Seiten-Roman geschrieben, das Buch in gebundener Form aber so setzen lassen, dass es knapp über tausend Seiten umfasst; ein eitles Blendwerk. Aber es zeigt das Bedürfnis, etwas Großes zu schaffen. Olga Tokarczuk beschreitet in ihren *Jakobsbüchern* einen eher gegenteiligen Weg; nimmt man das Meisterwerk zur Hand, glaubt man eher, diese 1184 Seiten (die Seitenzahlen sind übrigens absteigend nummeriert) haben den Gehalt von dreitausend Seiten. Es ist hilfreich für die Lektüre des Mammutwerkes, noch weitere 144 Seiten von ihr zu lesen, und zwar ihre Nobelpreisrede *Der liebevolle Erzähler*. Sie umreißt ihr ästhetisches Programm, das viele der großen literarischen

Herren ziemlich alt aussehen lässt. Sie beklagt sich über die dominante Ich-Form, hinter der oft nur egozentrische Gesten stecken. Sie träumt von einem unpersonalen Erzählen. Tatsächlich klingt die Geschichte von Jakob Frank, die in den *Jakobsbüchern* erzählt wird, wie ein archaischer Bericht, der gar nicht von Menschenhand zu Papier gebracht wurde. Die Geschichte scheint sich selbst zu erzählen. Die Figuren sind vor allem sie selbst und nicht nur Seelenanteile einer Autorin. Man folgt den Ereignissen und Figuren, die nie schwarzweiß erscheinen – Olga Tokarczuk schreibt die farbigsten Bücher der Gegenwart. (Ihr Roman *Unrast* beschäftigt mich nachhaltig!) Sie erzeugt diesen kolorierten Zauber über ihren »liebevollen Blick«,

> *denn liebevoll zu sein ist die Kunst der Verkörperung, der Einfühlung, der fortwährenden Suche nach Gemeinsamkeiten. Eine Geschichte zu erzählen bedeutet, Leben zu verleihen und all die Bruchstücke der Welt – die menschlichen Erfahrungen, durchlebten Situationen, Erinnerungen – zur Existenz zu bringen. Eine liebevolle, zugeneigte Betrachtung personifiziert alles, auf das sie sich bezieht. Sie lässt ihm Raum und Zeit, sich zu entwickeln, sie ermöglicht es, ihm Ausdruck zu verleihen, eine Stimme zu geben. Liebevolle Zuneigung bringt die Teekanne zum Sprechen. (Tee, kein Wunder …)*

Wie liest man solche Bücher? Zuerst muss der Buchmensch sich fragen, ob er reiner Lustleser bleiben möchte oder sich auch an etwas Sperrigeres herantraut. Es ist wie mit kulinarischen Genüssen: Tee, Kaffee oder Wein sind für Kinder ein geschmacklicher Albtraum. Aber das ändert sich mit dem Mut zum Probieren, kulinarischer Reife und dem Alter: Bald kann man sich keinen Morgen mehr ohne seinen Barista vorstellen und kein Essen ohne passenden Wein. Das Leseleben ist, nachdem man *Die Dämonen* von Heimito von Doderer gelesen hat, ein anderes; aber keine Lesekarriere beginnt damit. Es gibt Romane, deren Lektüre wie der Eintritt in einen literarischen Orden ist. Es gibt Bücher, denen sollte man begegnet sein, weil man an ihnen wächst – genau wie die postmoderne Alltagskultur einfacher zu verstehen ist, wenn man *Star Wars* gesehen hat, etwas über Graffiti und die Skatekultur weiß und bestimmte Sportartikelhersteller kennt. Das Erzählen von Geschichten ist uralt, und jeder, der es tut, steht – auch wenn er es nicht bemerkt – in einer langen Tradition. Diese zu kennen öffnet die Augen und sensibilisiert für aufregende Neuerungen. Man sieht nur, was man weiß.

Das muss meine Tante auch gedacht haben, kurz nach meiner Berufsausbildung. Ich bekam von ihr zu Weihnachten zwei schwere Taschenbücher geschenkt, als meine Leseleidenschaft sich gerade erst aus dem Marvel-Kosmos und von den *Lustigen Taschenbüchern* verabschiedet hatte. (Womit ich nicht andeuten will, Comics seien unwichtig! *Fahrradmod* von Tobi Dahmen, *Die Mumins* von Tove Jansson oder die Bücher von Reinhard Kleist sind große Leseerlebnisse.) Meine Tante, die mir als Kind die *Lustigen Taschenbücher* geschenkt hatte, war in den örtlichen Buchladen marschiert, hatte gesagt, ich sei literaturinteressiert, besäße aber wenige Bücher von Gehalt und wolle studieren. Sie setzte auf Empfehlungen der kundigen Buchhändlerin. Ich entfernte das Geschenkpapier und hielt in der Hand: *Anna Karenina* und *Die Brüder Karamasow*, in den dtv-Klassikerausgaben im Dünndruck. Nicht einmal *Krieg und Frieden* wirkt in solch einer Form wie ein dickes Buch, aber das Gewicht der selten gewordenen Dünndruckausgaben lässt keine Täuschung zu – man wird länger damit beschäftigt sein. (Meine Lieblingsbuchreihe diesbezüglich: die Dünndruckausgaben im Winkler Verlag! Da es die Reihe nicht mehr zu geben scheint, bin ich dem Hanser Verlag sehr dankbar für seinen Mut, sogar späte Henry-James-Romane neu übersetzen zu lassen.)

Tolstoi und Dostojewski also. Wie liest man solche Bücher? Mein an seine Schüler Jazz-LPs verleihender Deutschlehrer meinte, ich sollte den letzten Dostojewski-Roman, *Die Brüder Karamasow*, erst lesen, wenn ich vorher vier andere gelesen hätte: *Der Idiot*, *Böse Geister*, *Ein grüner Junge* und *Verbrechen und Strafe*. Man nenne diese Romane die »fünf großen Elefanten«, eine Formulierung der Übersetzerin Swetlana Geier. Es ist sehr motivierend, sich den Dokumentarfilm über sie anzuschauen, das Durchhalten ist dann kein Problem mehr. (*Die Frau mit den 5 Elefanten* von Vadim Jendreyko.) Mein Lehrer meinte, mit Tolstois *Anna Karenina* könne ich einfach beginnen, zumindest wenn mir die *Kreutzersonate* gefallen würde. Ob ich Beethoven höre? Er war nicht nur ein guter Lehrer im Fachabitur, sondern die Begegnung mit ihm war selbst ein Bildungsprozess; noch heute geistern Worte von ihm durch meinen Kopf. Es gibt das Glück der Gesellschaft mit belesenen Menschen – danach hat man das Gefühl, man *muss* lesen.

Manche Bücher haben ihre Zeit in der Lesebiografie und eine bestimmte Position zwischen anderen Werken. Wenn mir Bedeutendes nicht gefällt, schaue ich manchmal auf das Alter der Autori:nnen. Was Goethe mit achtzig schrieb, das muss mir mit sechzehn nicht gefallen. Was ein wilder Autor mit Anfang zwanzig über das exzessive Leben schrieb, wird selten in den Altherrenkanon eingehen. Die Novelle *Schweigeminute* von Siegfried Lenz ist hier eine überraschende Ausnahme, ein Alterswerk für Jugendliche und Erwachsene! Neil Gaimans oder Roald Dahls »Kinderbücher« sind für Erwachsene ab acht Jahren.

Gehört ein dicker Roman zum Alterswerk, schließt er sogar ein Lebenswerk ab, ist es ein Solitär oder eine frühe Höchstleistung? Das zu wissen macht das Lesen leichter, der Kontext eines Werkes öffnet oft Türen. Wer *Die Dubliner* von James Joyce gelesen hat, der gerät zumindest halbwegs auf Tuchfühlung mit dem Personal, welches man in *Ulysses* wiedertrifft, trotz der großen Unterschiede. *2666* von Roberto Bolaño (nicht nur Patti Smith schwärmt davon) kann man hingegen einfach beginnen; die Lektüre seiner anderen Bücher stimmt einen nicht unbedingt darauf ein. Das gilt auch für *1Q84* von Haruki Murakami oder seine *Chroniken des Aufziehvogels.* Thomas-Mann-Liebhaber wird man allerdings nicht, wenn man mit *Joseph und seine Brüder* beginnt. Mit seinen kürzeren Erzählungen, *Tristan, Mario und der Zauberer, Der Tod in Venedig* liest man sich immer mehr ein, bis man schließlich Jahre auf dem *Zauberberg* verbringt oder der Musik im *Doktor Faustus* begegnet. Ich bediente im Buchladen einmal einen alten bildungsbürgerlichen Herren, der mir erzählte, ich solle erst die Joseph-Geschichte im Alten Testament lesen, dann alles andere von Mann und schließlich *Joseph und seine Brüder*. Ich glaubte ihm gern, dass es dann ein unvergleichlicher Genuss sein kann. Er sah mich jugendlichen Hippie, lange Haare und Ohrringe und schenkte mir die vierbändige Taschenbuchausgabe des Romans. Er traute mir nicht zu, ihn selbst zu kaufen, und wollte Fakten in meinem Bücherregal schaffen. Aus seiner Sicht sollte ich immerhin einen bedeutenden zeitlosen Roman besitzen.

Ich habe, um herauszufinden, wo sich die Eingangstüren zu Autoren und Autorinnen befinden, immer auf den Rat der Buchhändler:innen gesetzt. Ein älterer Mann nahm mir *Ada oder das Verlangen* aus der Hand und gab mir erst einmal *Maschenka* – Nabokov wurde dann schnell zur Sucht. Über die ersten drei Kapitel von *Ada oder das Verlangen* wäre ich unvorbereitet nie hinweggekommen. Sie stehen wie ein Eintritt-verboten-Schild am Anfang des Romans. Ich wollte alles von Nabokov lesen und habe mich an die chronologische Folge des Erscheinens gehalten. Geht man ein ganzes Werk an, spielen die einzelnen Romane keine ganz so große Rolle mehr, weil man die Grundthemen immer wieder erkennt. William Faulkner hat viele seiner Romane in einer imaginären Gegend der Südstaaten angesiedelt, die man mit jedem Buch immer besser kennenlernt. Faulkner schrieb darüber vierzehn Romane, die in ihrer subtilen Vernetzung eigentlich *ein* Buch bilden.

Mein Favorit von ihm gehört allerdings nicht zum Yoknapatawpha County: *Wilde Palmen und Der Strom*. Die tragische und archaische Geschichte eines Paares, das durchbrennt, bildet in ihren tiefen, beängstigenden Bildern und mit ihrer Offenheit die Urfarbe aller Liebesgeschichten *on the road*.

Es gibt auch Hinweise, die sich aus den Einsichten von Autoren selbst ableiten. Stephen King warnt angehende Schriftsteller in seinem autobiografischen Buch *Das Leben und das Schreiben* vor Unterbrechungen des Schreibprozesses. Wenn man in einer Geschichte stecke, solle man jeden Tag weiterschreiben. Der kontinuierliche Prozess sei wichtig. Und so liest man auch dicke Bücher: *jeden Tag weiter!* Ganz egal ob längere Zeit, in öffentlichen Verkehrsmitteln oder nur eine Viertelstunde im Wartezimmer des Arztes. Das Buch nicht weglegen, nichts anderes lesen, sich gar nicht erst den Gedanken zugestehen, man könne aufhören. Für die dicken Wälzer braucht man Durchhaltewillen, ohne selbigen wird man *Der grüne Heinrich, Moby Dick* oder *David Copperfield* nicht lesen können. Keiner zwingt zu literarischen Ambitionen, aber wer sie hat, wird seine Belesenheit ausbauen und immer kundiger. Dabei sollte es keine Rolle spielen, was man gelesen haben muss, sondern, was man lesen will. Die Auswahl ist so groß, dass immer Lücken bleiben werden. Der Vorteil: Buchmenschen sind so unterschiedlich wie die Bücher selbst. Nur weil es so viele Kafka-Fans gibt, ist es kein Sakrileg, ihn ungelesen zu lassen. (Ich gehöre allerdings zu den Fans.) Kennen Sie die Romane Robert Walsers? Gerade die großen Autoren scheiden die Geister: Thomas Bernhard oder Arno Schmidt, James Joyce oder Thomas Mann – man verfällt ihnen oder kann kaum zwei Seiten ertragen. Das ist bei Autorinnen nicht anders: Toni Morrison oder Simone de Beauvoir, Virginia Woolf oder Dorothy Parker, Anaïs Nin oder Clarice Lispector, Kōno Taeko oder Carson McCullers, Sibylle Berg oder Juli Zeh – große, aber sehr unterschiedliche Charaktere. (Mein Geheimtipp: Daphne du Maurier!) Alle zugleich zu mögen ist unmöglich. Es sind jedenfalls Schöpferinnen, die nicht einzelne Bücher verfasst haben, sondern jeweils ihr eigenes literarisches Universum kreierten – in das kann man reisen und sich umsehen. Solche Werke zu durchstreifen ist wie in eine Kultur, ein Land zu reisen und sich umzusehen. Niemand mag alle Länder. Die großen Biografien – Hermione Lee über Virginia Woolf, Reiner Stach über Kafka, Brian Boyd über Nabokov – sind Landkarten, die Orientierung bieten. Wege lassen sich erkennen, und die Geografie der Romane wird verständlicher. Zudem erzählen diese Bücher die Historie im Spiegel einer Künstlerexistenz; wir verstehen die Zeiten, wenn wir uns Lebensverläufe genau anschauen. Ebendies macht auch *Das achte Leben (Für Brilka)* von Nino Haratischwili zu einem Meisterwerk: Acht Frauenleben lassen uns eine Epoche verstehen, über tausendzweihundert Seiten hinweg. *Alle Menschen sind sterblich* oder *Orlando* sind Romane, deren Handlung über fünfhundert Jahre verläuft – und sie vermitteln historisches Wissen. Man begegnet in ihnen mehr als nur einem Kunstwerk.

Die Beschäftigung mit einzelnen Autor:innen führt meist zu einer tieferen Erkenntnis. Mit jedem weiteren Titel erkennt man, dass viele an *einem* umfassenden Buch geschrieben haben. Sich chronologisch durch ein Gesamtwerk zu lesen erspart die ständig neue Auswahl und vertieft die Leidenschaft. Dabei hilft der Kontakt zu anderen Fanatikern. Sich mit Fans zu verbinden ist heute einfach: Virtuell begegnet man denen, die alles von Nabokov gelesen haben, den Arno-Schmidt- oder Thomas-Bernhard-Nerds, den von-Doderer-Fans, der Stanislaw-Lem-Fraktion. In Köln haben Heinrich Böll und Irmgard Keun für Buchmenschen immer noch eine große Bedeutung. Sich mit ihnen auszutauschen steckt an, die Leseerfahrungen eines ganzen Lebens »vor Ort« bereichern. Generell eignen sich manche Werke gut für spannende Generationengespräche – die Romane Bölls hatten in den 1950ern eine andere Bedeutung als heute; und davon zu hören lässt einen die Kulturgeschichte anders verstehen. In jeder Dekade wird ein Buch anders gelesen. Dem Phänomen, dass manche Autoren »out« sind – zurzeit Hesse, Böll, Sartre –, sollte man mit gesunder Intoleranz begegnen. Mir war das Strohfeuer der »Autoren der Stunde« immer gleichgültig, in der Liga der meisten Nobelpreisträger hingegen findet man verlässliche Tiefe. *In* und *out* sind Kategorien der Mode, gute Kunst unterliegt ihr nicht. »Jedes Kunstwerk hat zwei Gesichter: Eines ist der Ewigkeit zugewendet, das andere blickt in die Zeit«, sagte der Dirigent und Pianist Daniel Barenboim einmal. Daher wird es in der Geschichte künstlerischer Kreativität nicht besser oder schlechter, es wird nur anders.

Lesen ist eine ruhige Angelegenheit, aber es geht nicht nur allein. Manchmal lese ich mit jemandem ein Buch parallel. Mit Linh, der Protagonistin aus *Die Schönheit der Begegnung*, der mein einziger Roman gewidmet ist, habe ich zusammen *Ein wenig Leben* durchlitten. Das schockierende und drastische Buch wäre sonst nicht zu schaffen gewesen. (Das letzte Viertel hat mir übrigens nicht gefallen, es wird zu »amerikanisch« in seinen drastischen Übertreibungen.) Die drei Bände von *1Q84* wurden durch Linhs Begeisterung auch zu einem meiner Lieblingsromane. Ich saß oft in der Bahn, nachts auf dem Weg nach Hamburg, und im Fenster spiegelte sich der Mond – im Roman von Murakami gibt es in einer Parallelwelt zwei Monde. Literatur und Leben kommen sich manchmal gefährlich nah.

Mit Melanie Raabe habe ich die *Jakobsbücher* durchwandert. Mit Renée lese ich *Die Memoiren einer Tochter aus gutem Hause* (im Geiste sitzen wir lesend, schreibend und rauchend im Schwarz-Weiß alter Pariser Cafés). Mich hat immer interessiert, was andere lesen, und wenn ich liebe, steckt mich die Lektüre an. Ich mag diese Art zu lesen, sie ist *muy romántico*. Auch Donna Tartt habe ich schätzen gelernt, weil sie mir empfohlen wurde. Von *Die geheime Geschichte* hatte ich nie gehört, und heute sind Bilder des Kriminalromans fester Teil meiner Leseerfahrungen. Die Romane von Melanie Raabe gehen mir nah – *Der Schatten, Die Wälder* –, sie bleibt meine liebste Thrillerautorin! An ihren Büchern kann man die sporadische Sinnlosigkeit der Gattungsbezeichnungen erkennen; was ist schon ein »Thriller«? Ist *Schuld und Sühne* ein Kriminalroman, nur weil ein Mord geschieht? Sind Melanie Raabes Romane, durch die keine Serienkiller streifen, sondern Paare sich auf einem Radiohead-Konzert treffen und in denen Nick-Cave-LPs aufgelegt werden, nicht vor allem

Liebesromane? (Melanie schenkte mir einmal eine Nick-Cave-Platte, mitgebracht aus Skandinavien, sie steht nun neben ihren Romanen …)

Liebe inspiriert, sie ist angewandte Schönheit. Von den Leseleidenschaften anderer lasse ich mich anstecken, so erweitert sich mein Horizont. Auf meinem Stapel liegt eine alte Taschenbuchausgabe von Hesses *Steppenwolf*, ich finde dort Erstaunliches – und sehe zugleich, was Vicky markiert hat; sie hat mir das Exemplar geliehen. Ich kann nun auch durch ihre Augen lesen; manches hätte ich heute einfach übersehen (aber sie liest, wie ich in ihrem Alter gelesen habe).

Es gibt Autoren, die dokumentieren ihr Durchhalten herausfordernder Lektüre; am witzigsten und kundigsten hat Jochen Schmidt dies in *Schmidt liest Proust* getan. Er nimmt sich vor, ein halbes Jahr täglich zwanzig Seiten zu lesen – komme, was wolle. Und er bezieht diese Seiten dann auf seinen Berliner Alltag. Marcel Proust beobachtet Konversation, Atmosphäre und die subtilen sozialen Schwingungen in den französischen Salons des Fin de Siècle, Schmidt die Partys in Berlin – aber eben durch Prousts Brille. Er sammelt am Ende jedes Eintrags »verlorene Praxis« und »unklares Inventar«, bringt einen damit zum Lachen (und hebt ins Bewusstsein, was alles verloren geht):

- *Ihr einen Rohrpostbrief schicken.*
- *Sich lange mit einer Frau unterhalten, während ihr Wagen und der eigene im Schritttempo folgen.*

- *Zu jemandem sagen: »Mein Gott, wie Ihre Anwesenheit das Niveau der Unterhaltung hebt!«*
- *Den Höhepunkt seines Tages nicht in dem Augenblick sehen, da man sich anzieht, um in Gesellschaft zu gehen, sondern in demjenigen, da man sich für einen Mann entkleidet.*

Prousts Welt ist längst untergegangen, aber einiges kann man nostalgisch feiern wie die Ästhetik von *Mad Men* oder *The Queen's Gambit*. Niemand will die Werte aus solchen Zeiten zurück, aber diese formbewusste Ästhetik steigert die Erregung. Lesen steigert die Erregung; und dazu ein Album von Lana Del Rey auflegen. Schmidts Humor lässt einen dann tatsächlich neben Prousts Mammutwerk noch sechshundert weitere Seiten über diesen Roman lesen. Er weckt in mir sofort die Leidenschaft, meine Lektüren in einer Folge von Blogeinträgen mit anderen zu teilen. Aber wer soll das alles lesen? Und woher die Zeit nehmen? Ich wäre gern ein von jeder Erwerbsarbeit befreiter Flaneur, der lesend, schreibend und liebend durch den Tag wandert.

Der Wille, diese großen Werke weiter im Gedächtnis zu halten, entsteht, sobald man sie gelesen hat. Man will für sie werben! In Köln sind die Inhaber der Lengfeld'schen Buchhandlung der Inbegriff begeisterter Traditionspflege. Sie veranstalten über Jahre andauernde wöchentliche Lesungen – Prousts kompletter Roman (!), die ungekürzten *Jahrestage* oder Pessoas *Buch der Unruhe*. Die Lesungen werden live aufgenommen. Prousts *Auf der Suche nach der verlorenen Zeit* findet sich in insgesamt dreizehn CD-Boxsets. Es sind Liveaufnahmen, die eine angenehme Atmosphäre erzeugen, sehr nah und eben nicht im Studio geglättet. Ein Buch ist mehr als nur ein Text, und eine Lesung mehr als eine isoliert-perfekte Reproduktion einer Stimme.

Eine weitere Motivation, große Werke anzugehen, ist für mich der Protest gegen den Zeitgeist. Alles ist schnell, kurzatmig, auf Effekt getrimmt und morgen vergessen. Die Konzentrationsspanne wird kürzer, die Intensität immer höher. Ich mache mir oft Gedanken darüber, wie ein zeitgemäßer Protest überhaupt aussehen kann. Er erschöpft sich nicht im bloßen Dagegensein, nicht in flacher Elitenkritik (es ist nicht »die Wirtschaft«, »die Kirche«, »die Politik«); er liegt vielleicht im dosiert und reflektiert unzeitgemäßen Handeln. Ich esse kein Fleisch, habe keinen Fernseher und fahre nur alle vierzehn Tage einmal kurz mit dem Auto. Heute ist es nicht mehr provozierend, Popmusik zu hören oder Streetwear zu tragen (bei meinem acht Jahre älteren Cousin waren die Turnschuhe noch ein Streitthema mit den Eltern). Sinnvolle Revolte findet sich woanders: den allgemeinen Rassismus nicht mitmachen, als Mann keine Belästigung sein, eine Oper oder klassische Musik hören, Jazz – die unkommerziellste Musik – auflegen, die analogen Medien feiern (Schallplatten, Briefe, Analogfotos, Schreibmaschine, Füllhalter) und eben: dicke gute Romane lesen. Es ist unzeitgemäß, sich über Wochen einem Buch zu widmen, während andere täglich ein neues aufschlagen. *Krieg und Frieden* ist nicht »instagrammable«, aber es wird noch gelesen werden, wenn sich die Formen der digitalen Medien längst geändert haben. Irgendwann, vielleicht mit sechzig, verkaufe ich alle Sportklamotten und trage nur noch Anzüge, Hemden, rahmengenähte Schuhe – weil es schön ist (nicht, weil ich doch noch bürgerlich werden will). Und ich lese nur alte Romane oder solche, die sich aus alten Romanen speisen, um die begrenzte Zeit nicht zu vergeuden. Mit dem Schreiben dieses Kapitels lese ich weiter in Peter Kurzecks gigantischem Zyklus *Das alte Jahrhundert*. Ich bleibe dran.

# 12

*für Renée Patricia*

# Der Alltag als Verführer

Ich stelle mir Peter Kurzeck als eigenartigen Menschen vor. Er ist *exzentrisch* – also jenseits der Mitte und ohne Symmetrie. Mit Kleidung hat Exzentrik nur selten etwas zu tun, sie ist eher ein kognitives und soziales Schicksal, eine Existenz außerhalb normaler Kreise. Der Blick auf den eigenen Alltag ist ein anderer, und Kurzecks Erzählen verändert die vermeintliche Normalität. Hört man den frei gesprochenen Vorträgen zu, seinem öffentlichen Erzählen, hat man den Eindruck, es liege in seinem Charakter. Er erzählt wie in einem kontinuierlichen Strom den autofiktionalen Alltag. Es geht gar nicht alltäglicher, aber durch die Art, wie er es tut, wird dieser Alltag ein anderer. Kurzeck zu lesen ist wie die Einübung eines Blicks, eines bestimmten Tons. Man scheint ein Hörbuch zu lesen oder einfach dabei zu sein, wenn ein Mann ausufernd, aber fesselnd erzählt. Sein Schreiben spricht.

Exzentriker sind geborene Außenseiter, die wahrscheinlich nie die Wahl hatten, der gängigen Norm zu entsprechen. Da verstellt sich nicht jemand, dieser Mensch ist einfach *anders*. Man begegnet dieser angenehmen Andersartigkeit in Büchern. Thomas Bernhard war so, auch Arno Schmidt; Gertrude Stein oder Joan Didion – exzentrische Menschen.

Nach nur ein paar Zeilen springt einem entgegen, dass man es mit Außergewöhnlichem zu tun hat. *So etwas* hat man noch nie gelesen, *so einer* ist man noch nicht begegnet. Ich lese so gern, weil ich Menschen darüber kennenlernen kann (die mich im Gegenzug nicht kennen); ich kann das Kennenlernen bei Berührungsängsten auch selbst dosieren. Lesen ist ein einseitiges Ausspionieren von Menschen, die sich schreibend hingegeben haben. Und auf diesem Weg spioniert man sich selbst auch noch einmal aus.

Mit den eigenen Büchern ereilt mich das umgekehrte Schicksal. Neulich las ich einen alten Brief, in dem meine Freundin schrieb, sie kenne mich besser als ich sie – sie habe meine Bücher gelesen. Man kann dieses Kennenlernen weit treiben; sie wusste tatsächlich anfangs viel mehr über mich als ich über sie. Ich bin Peter Kurzeck nie persönlich begegnet, aber sein Erzählton und die intensiven Schilderungen aus seinem Leben sind so in mich eingedrungen, dass er in mir die Existenz eines nahen Onkels hat. Kurzeck ist zwar inzwischen verstorben, aber auf seine Erinnerungen greife ich jederzeit zurück, sie stehen gebunden und als Hörbuch im Regal. Sein Erzählen verwandelt die Wirklichkeit. Er berührt mich tief, weil ich seine Zuhauselosigkeit fühle, er scheint immer *Als Gast* (einer seiner intensivsten Romane ist so betitelt). Sein Erzählen ist ein Mittel gegen das Gefühl der Verlorenheit.

An der Kunst zu lesen macht die Begegnung mit Charakteren glücklich, die außergewöhnlich waren (oder sind). Im Gegensatz zu den klugen philosophischen Interventionen, die den »Tod des Autors« behaupten, halte ich mich und andere für lebendig. Auch ich bin von Roland Barthes' Unergründlichkeit fasziniert, seinem Nachdenken über Fotografie in *Die helle Kammer*, über Japan, über seine Mutter … Dennoch ist mein Lesen immer naiv geblieben; ich lese Romane, um glücklicher zu werden. Mein Desinteresse an Textsystemen ist so stabil wie meine Leidenschaft für den Menschen. Die Diskurse gehen durch uns hindurch, aber dennoch halte ich die Aneinanderreihung von Buchstaben für Menschenwerk. Der Liebesbrief, den ich schreibe, meint die Empfängerin persönlich. Sie ist nicht ersetzbar oder nur eine von vielen. Den Liebesbrief, den ich erhalte, fühle ich in seiner Unaustauschbarkeit. Und so lese ich auch Bücher als Briefe an Freunde, als mitteilsame Arbeit, die mehr ist als Formexperiment oder philosophische Ergründung. Autoren verschreiben sich dem unendlichen Archiv, in dem menschliche Gefühle und Erinnerungen überdauern. Das Glück am Lesen: Man kann mit exzentrischen Lebewesen kommunizieren, auch wenn man sie nie getroffen hat. Lesen kann bedeuten, sich mit ungewöhnlichen Menschen einzulassen. Ich gehe Verbindungen mit ihnen ein. Manchmal schockiert mich die erlebte Seelenverwandtschaft, wenn jemand ausdrückt, was mich bewegt, und dafür treffendere Worte findet. Er oder sie bringt zur Sprache, bringt zur Welt, was in mir unruhig und noch unbewusst gearbeitet hat. Bei manchen Autorinnen möchte ich mich dafür bedanken, dass sie Worte gefunden haben, die ich suchte. Es fühlt sich an, als hätten sie nur für mich geschrieben.

Mit der in New York lebenden Kanadierin Leanne Shapton habe ich noch nie persönlich angestoßen, aber ihre Bücher sind eine Muse. Sie bringt, wie es Olga Tokarczuk beschrieb, die Gegenstände zum Sprechen. Sie ist eine der Künstlerinnen, die meine Welt aufregend verrätseln, und das zieht mich an. Seit ich ihren »Auktionskatalog« fand, sehe ich meinen Alltag anders. Sie versammelt dort *Bedeutende Objekte und persönliche Besitzstücke aus der Sammlung von Lenore Doolan und Harold Morris, darunter Bücher, Mode und Schmuck* (so der Titel ihres Buches). Noch nie wurde eine Liebesgeschichte auf diese Weise erzählt, nur anhand von fiktiven Erinnerungsgegenständen. Wertlose Dinge werden zu Metaphern, Symbolen, Botschaften, sie speichern Liebe und Erinnerung, sie sind von allem anderen befreit – sie sind Teil eines gemeinsamen Archivs, das schmerzhaft aufgelöst wird. Walter Benjamin schrieb einmal, der Sammler befreie die Dinge »vom Fluch der Nützlichkeit«; unsere Liebesgeschichten erzeugen permanent eine gemeinsame Sammlung. Liebe kuratiert ein Archiv, unsere Beziehungen lassen sich auch als Wechselausstellung betrachten. Jeder Brief, jedes Mixtape, jedes Foto geht in ein Archiv der Liebe ein.

Meine Sicht auf den Alltag hat sich durch Leanne Shapton verändert, sodass ich schließlich mein Buch über *Formbewusstsein* geschrieben habe. Alles kann einen Wert haben, unser Geist kann alles mit Leben ausstatten. Wir müssen die sichtbaren Dinge nur als angewandte Liebe in ihrer Schönheit wahrnehmen und an Ereignisse binden. Es ist nicht einfach eine alte Teekanne, sondern die, die ich jemandem geschenkt habe mit dem Hinweis, das käme einer Verlobung gleich. Massenware als Liebesbeweis. Der Wert der Dinge liegt nicht nur im Material, die Tiefenästhetik besteht aus den flirrenden Liebesgeschichten um Alltagsgegenstände. Es gibt die beiden Tassen, die ich jeden Morgen benutze, wenn ich meiner Liebsten Kaffee ans Bett bringe. Wir stoßen damit an. Es werden nun immer *diese* Tassen sein.

Alles, was wir besitzen, ist nur zu Gast, wir sind die Hüter der Dinge und passen eine Zeit lang auf sie auf – und das tun wir oft zusammen mit anderen. Der Stift, mit dem ich gerade schreibe, war ein Geschenk von einem Menschen, der mich liebt. Und das beeinflusst meinen Text, ich bin mir sicher. In diesem magischen Alltagsdenken liegt viel Kreativität verborgen. »Phantasie ist nicht irgendeine Gaukelei, sondern herzliche Erwärmung des Vorhandenen«, schrieb der Sonderling Ludwig Hohl. Wir können das Alltägliche mit Fantasie aufladen.

Den Alltag künstlerisch zu durchlöchern ist eine Mission der großartigen Miranda July. Als ich ihren surrealen Film *The Future* sah, war ich ganz gerührt und dankbar, dass so eine Frau existiert. Der Film erzählt von einem Paar, das darauf wartet, eine kranke Katze aufzunehmen – und in dieser Wartezeit scheitert ihre Beziehung. Aber nicht was, sondern wie erzählt wird und in welchen Bildern, macht den Zauber aus. Die Dramaturgie, der Bildaufbau, die Dialoge und Ereignisse weichen von den herkömmlichen Sehgewohnheiten ab. Schon mit sechs Jahren schrieb July ein Buch mit dem Titel *Lost Child.* Mein Favorit unter ihren vielen Werken ist ein Katalog mit Aufgaben: *Learning to love you more.* 2002 stellt sie zusammen mit Harrell Fletcher dreiundsechzig Aufgaben auf eine Website und sammelt Texte, Bilder und Videos von Menschen, die mitmachen. Einige der über fünftausend Beiträge sind in dem Buch gesammelt. Sie nutzen dabei ein Grundprinzip zur Anregung von Kreativität:

> *(...) our most joyful and even profound experiences often come when we are following other people's instructions.*

Die Aufgaben haben alle im Kern die Idee, Liebe in die Welt zu bringen. Die Zärtlichkeit und künstlerische Sensibilität konfrontiert nicht mit Besonderheiten, sondern auch hier färbt sich der Alltag:

- *Fotografiere deine Eltern, wenn sie sich küssen.*
- *Schreibe deine Lebensgeschichte in weniger als einem Tag auf.*
- *Verbinde die Leberflecke einer Person mit einem Stift zu einer Grafik.*
- *Mache ein Foto von Fremden, die sich an den Händen halten.*
- *Verbringe Zeit mit einem sterbenden Menschen.*
- *Mache ein spontanes Foto unter deinem Bett.*
- *Zeichne eine Szene aus einem Film, der dich zum Weinen gebracht hat.*
- *Fotografiere ein signifikantes Outfit aus deinem Leben.*

Bücher sind generell *»other people's instructions«*. Aus Büchern werden Handlungen, Worte haben Folgen. Im Buddhismus gibt es daher eine Ethik des Sprechens; es soll heilsam sein und nicht giftig. Die Worte, die wir hören, lesen, schreiben oder aussprechen, sind eine Art Nahrung, die wir oder andere aufnehmen. Nimmt man diese Sicht ernst, müssen wir Worte auf die Goldwaage legen. Mir gefällt diese Sicht, weil sie Literatur als etwas ganz anderes erscheinen lässt. Kochbücher nehmen Einfluss auf Ihr Essen. Kunstbücher verändern Ihre Wahrnehmung. Bücher über die Liebe nehmen Einfluss auf die Liebesgeschichten, die in Ihnen stecken. Lesen ist nicht ungefährlich. Da jedes Buch einem Aufgaben mitgibt, bin ich interessiert daran, wer sie mir gibt. Ich vertraue mich den Schreibenden an, ihre Sprache geht in mich ein, ihre Geschichten und Bilder. Ich glaube, ich konnte mich an einen eintönigen Alltag immer nur schwer gewöhnen – das Lesen hat ihm etwas Schillerndes hinzugefügt, und ich konnte ihn dadurch anders sehen. Wir übersehen, woran wir uns gewöhnt haben. Die Ereignisse und Orte scheinen immer gleich zu sein. Die Schreibenden holen das Alltägliche wieder ans Licht, sie stellen das Gewöhnliche in ein *anderes* Licht. »Die Literatur gestattet einem, sich an der Wirklichkeit zu rächen, indem man diese der Umwandlung durch die Dichtung unterzieht«, schreibt Simone de Beauvoir in ihren *Memoiren einer Tochter aus gutem Hause*. Doch diese veränderte Wirklichkeit, in der man dann lebt, nimmt mehr Einfluss auf das eigene Leben als erwartet. Wenn Literatur zum Leben wird, dann wird irgendwann das eigene Leben zur Literatur – also zum

Gegenteil von Langeweile und Unbelebtheit. Leben lässt sich nicht erklären, aber erzählen. Neben allen Gewinnen darf man sich jedoch nicht täuschen: Der Verlust eines bürgerlichen Alltags hat Folgen. Die Vorliebe für Außenseiter und Exzentriker entfernt uns von der Mitte der Gesellschaft. Schon das Lesen selbst ist im Kern eine dissoziale Tätigkeit. Der Buchmensch war immer Außenseiter, er wird vielleicht als »kreativer Sonderling« gelobt – aber er gehört, wenn er sich der Kunst hingibt, nicht mehr dazu.

# 13

*für Renée Patricia,*
*Bob & June*

# Die Kunst, das bürgerliche Leben zu verlassen

Joachim Fest gehörte dazu. Er wird in einer Villa gelebt haben, ein Teil der Bücher in der Bibliothek enthält noch Notizen seines Großvaters und Vaters, jedenfalls stelle ich es mir so vor. Er verkörpert für mich das wandelnde kulturelle Kapital. Seine Autobiografie *Ich nicht*, eigentlich ein Buch über seinen konservativen, aber auch unter den Nazis integren Vater, gibt Einblick in das Leben eines Citoyen. Fest repräsentiert den Inbegriff bürgerlicher Werte. In seiner Essaysammlung *Bürgerlichkeit als Lebensform* bringt er es auf den Punkt:

> *Bürgerlich ist die Idee der Konkurrenz, des Exzellierens auf allen Gebieten; bürgerlich der Wille zum Herausragenden und (...) der Sinn für individuellen Rang.*

Der Bürger beharrt auf den Unterschieden, und deutlich spürt man: Er bewertet sie. Er konstruiert seine Form der Normalität, in der den Geschlechtern bestimmte Eigenschaften als »natürlich« zugewiesen werden, in der ein seichtes angepasstes Christentum gelebt wird, dem eher die äußerlichen Formen und weniger die Inhalte wichtig sind. Es gibt eine feste Zeitordnung und entsprechende »gutbürgerliche Küche«, also die fleischbasierte, eher vorgestrige Ernährung. Man isst, was die Großeltern aßen, auch wenn diese Zeiten lange vorbei sind. Zu diesen verlogenen Geschichten vom Essen hat Jonathan Safran Foer in *Tiere essen* alles gesagt; und es verwundert nicht, dass Charlotte Roche das Cover auf den Unterarm tätowiert hat. Vegan oder vegetarisch zu leben kommt einer ethischen Verfeinerung gleich. Das bürgerliche Leben zu verlassen bedeutet, zeitgemäßer zu essen.

Ähnlich wie Joachim Fest, nur mit veränderten Vorzeichen, stelle ich mir den Kosmopoliten Karl Heinz Bohrer vor. Seine Erinnerungen unter dem Titel *Jetzt* geben Einblick in seine intellektuelle Karriere. Ganz unterschiedliche Männer, beide schreiben im altväterlichen Ton und sind doch Revolutionäre ihrer Zeit, beide bedeutende Macher der *Frankfurter Allgemeinen Zeitung*, beides große Autoren mit kontinuierlicher Buchproduktion und ziemlich streitbar. Sie stehen zu dem, was sie leben – schon das macht sie in opportunistischen Zeiten groß. Bohrer war immer der, der romantische Ästhetik, Irrationalität und »Plötzlichkeit« propagiert hat. Beides Bildungsbürger, der eine wild, der andere konservativ, eine Zeit lang wollte ich eine Mischung dieser Männer sein. Bei Bohrer fand ich die prägnante Fassung dessen, was an der Bürgerlichkeit abschreckt:

> *Als Zehnjähriger hatte ich einmal in aller Frühe aus dem Eisenbahnfenster gesehen, wie in den Badezimmern, an denen wir vorbeifuhren, sich Männer zur selben Zeit*

> *rasierten. Ich fand das deprimierend und dachte nur: Niemals einen Beruf ergreifen wie alle anderen und mit ihnen zur selben Zeit aufstehen. Daraus war aber kein soziales Gewissen entstanden, sondern die Erfindung der Phantasie.*

Bohrer wurde ein kosmopolitischer Intellektueller, Zeitungsmacher, Literaturkritiker und Essayist; und ein Verteidiger der hochindividualisierten künstlerischen Unkalkulierbarkeiten. Ich dachte an die beiden Antipoden, als ich die Bibliothek, die ich mir bis zum vierzigsten Lebensjahr aufgebaut hatte, auflösen musste. Es war einerseits eine Befreiung von zu viel papiernem Ballast, andererseits schmerzlich; aber nur als Teil eines umfassenderen Schmerzes, aus dem Lebensveränderungen hervorgehen. Seit diesem Zeitpunkt verlasse ich Schritt für Schritt, was man ein bürgerlich-angepasstes Leben nennt. Das wurde mir auf einem Klassentreffen meiner Realschule bewusst. Ich war umgeben von souveränen Männern, die mit Kind, Ehefrau, Audi A6, Hund und eigenem Haus auf dem Land als Teil einer oberen Mittelschicht leben und am Wochenende Fußball schauen. Sie haben den Ort, an dem sie geboren wurden, nicht oder nur kurz verlassen. Ihre Häuser sind *»Smart Homes«*, kühl und perfekt; sie haben alles, aber selten Bücherregale und Schallplatten. Ihre Kinder haben zum Teil die gleichen Lehrer, die ich schon auf der Realschule hatte! (Die Vorstellung hat mich schockiert, meine Schulzeit hat vor allem schlechte Erinnerungen hinterlassen.) Meine Geschichte war in dem Landgasthof, in dem das Klassentreffen stattfand, nicht leicht zu vermitteln: Ich hatte nach einer Ausbildung und Zivildienst den zweiten Bildungsweg eingeschlagen und mich beruflich umorientiert. Nach meiner Promotion war ich an der Universität angestellt, die ich dann zugunsten des Fahrradkurierdaseins für einen Buchladen wieder verließ. Das Feudalsystem der Uni, das einen kleinhält und viel Unglück erzeugt, war nicht weiter erträglich gewesen. Ich wohnte fast zwei Jahre in einem kleinen Einzimmerappartement, spartanischer als die meisten Studierenden – aber glücklich. Die wichtigste Konstante, seit ich mit der *Unendlichen Geschichte* von Michael Ende als Jugendlicher zum leidenschaftlichen Leser wurde, sind Bücher. Ich lebe noch immer in Fantasien und suche den Namen einer kindlichen Kaiserin. Das Nichts breitet sich aus, aber es hat mich noch nicht verschlungen! Ich halte mich fest an alten Schallplatten und der Leidenschaft fürs Schreiben, an Schreibgeräten und der analogen Schönheit. Neuzugänge sind eine alte Schreibmaschine und ein Gettoblaster, mit dem ich Mixtapes aufnehme. Ich habe das Glück, an einer Hochschule für die alten Medien zuständig sein zu dürfen. Es scheint eine *Rache des Analogen* zu geben, wie David Sax sein Buch nannte. Es geht hier zwar um die Sehnsucht nach analogen Dingen, aber der Autor greift das, sehr US-amerikanisch, vor allem als Geschäftsmodell auf. Der Buchmensch selbst ist die personifizierte Rache des Analogen, und das lässt sich heute besser feiern denn je.

Ich lebe zurzeit in drei Städten und bin umstellt von komplizierten, schöpferischen Menschen, die ich sehr liebe. Mitten in Köln habe ich eine kleine Wohnung, in der ich jedes zweite Wochenende Zeit mit meiner Tochter verbringe und wo ich einem Job an der Hochschule in Teilzeit nachgehe. Zur sympathischen Stadt selbst habe ich keine Beziehung. Mein Herz lebt auf St. Pauli, seit mich die Liebe dort hingeführt hat. Eine schöne Frau und dieser Stadtteil haben mich zu meinem Romandebüt verführt; ein Liebesroman über »Die Schönheit der Begegnung«. Hier lebe ich aber inzwischen allein in einem kleinen Büro, das Teil eines Cafés ist. Es gibt Bequemeres als eine ausgeliehene Gästematratze – allerdings werde ich morgens um halb acht von guter Musik des öffnenden Cafés geweckt. Manchmal ruft mich eine der dort arbeitenden Mitarbeiterinnen an, wenn sie den Schlüssel vergessen hat, und ich schließe ihr von innen auf. Wenn ich noch verschlafen die Tür meines Zimmerchens öffne, kann ich Croissant und Kaffee ordern. Der Duft von Zimtschnecken zieht manchmal vorher unter der Tür durch. Wenn das Café abends geschlossen hat, habe ich es für mich allein; eine eigenartige Atmosphäre. In der Dusche sind Graffiti und Aufkleber an den Wänden. Das Szenario könnte selbst einem Roman entspringen. Ich kann nicht jedem vermitteln, warum ich so lebe, und es gibt Tage, da kann ich es auch mir nicht vermitteln. Durch ungute Fügungen habe ich Weihnachten und Silvester hier allein verbracht; über das Gefühl musste ich einige Zeit später einen Text schreiben, *im Blaulicht der Erinnerung*. Ich schreibe, um Dinge ins Helle zu rücken. Vielleicht ist es der »Vibe« einer solchen Existenz, der mich lebendig hält. Manches fügt sich auch, ohne dass man es bewusst gewählt hat. Ich wusste immer, was ich nicht will, und dann blieb etwas anderes übrig. Allein in der Wohlwillstraße, wo das Café liegt, leben zwei

Autorinnen, deren Bücher ich bewundere, und mit den nicht gerade bürgerlichen Frauen verbringe ich ab und zu meine Mittagspause. Andere Autor:innen zu treffen erzeugt ein warmes Gefühl der Kollegialität in einer von Einsamkeit gekennzeichneten Berufung.

Es gibt noch weitere Orte, an denen ich regelmäßig bin. Einer ist ländlich, und ich gehe morgens und abends mit Hunden spazieren, meine ehemaligen Mitschüler könnten hier wohnen. Mein Körper meldete mir in der kleinstädtischen Stille eine erstaunliche Grundruhe, als ich acht Tage am Stück im gleichen Bett erwacht bin. Die Suche in meiner Erinnerung, wann ich so lange an einem Ort gewesen war, führte ins Nichts. Ich wusste es nicht mehr. Das Leben unterwegs kennt Konstanten, aber zu keinem der Orte konnte ich zweifelsfrei »Zuhause« sagen. Es braucht Mut, einen Ort, an dem man zu Gast ist, in ein Zuhause zu verwandeln – und einladende, liebende Gesten. Anfangs fehlt mir der Mut. Kontinuierlich sind die Bahnfahrten; und die Lektüre im Zug. Ich packe inzwischen ganz schnell ein paar Klamotten zusammen, es ist Routine, aber welche Bücher mitkommen, ist die wichtigste Frage. Auch Patti Smith schreibt darüber in *Hingabe*:

> *Ich beeile mich, rufe ein Taxi, stecke meinen Computer in seine Hülle, die Kamera in einen Beutel, der Rest wandert in den Koffer. Das Taxi kommt zu schnell, denn ich habe noch nicht entschieden, welche Bücher ich mitnehme. Die Aussicht, ohne Buch in ein Flugzeug zu steigen, erfüllt mich mit Panik. Das richtige Buch kann so etwas wie ein Mentor*

> *sein und die Atmosphäre einer Reise bestimmen oder gar ihren Verlauf.*

Wenn ich es mir leisten kann, habe ich eine BahnCard 100. Sie erzeugt ein großes Freiheitsgefühl. Ab und zu bin ich morgens in Altona in den Zug gestiegen und habe einen Tag auf Sylt gearbeitet, als teilzeitlicher digitaler Nomade. Am Abend müssen ein paar Seiten geschrieben sein, aber wo ich sie schreibe, das fragt niemand. An allen Wohnorten habe ich Schallplatten, Bücher und ordentliche Teekeramik, das gibt mir Halt. Die in den alten Medien gespeicherten Geschichten sind der Ort, zwischen dessen Buchstaben und Klängen ich eine Heimat finde. Der Tee sorgt für Klarheit. Das Lesen bot immer eine Heimat für Außenseiter und Nomaden, für die, in denen mehr als ein Leben stattfindet. Wir mögen unterwegs sein und uns verlieren, aber die Geschichten, die wir lesen, schreiben und durchs eigene Leben erzeugen, die haben wir immer dabei. Die romantische Zerrissenheit eines Protagonisten hat Hermann Hesse in *Der Steppenwolf* verewigt. Der 1927 erschienene Roman gibt vielen Künstlerseelen eine Heimat, die durch Unglück ihre Kreativität verlieren.

> *In der Tat beruht die vitale Kraft des Bürgertums keineswegs auf den Eigenschaften seiner normalen Mitglieder, sondern auf denen der außerordentlich zahlreichen outsiders, die es infolge der Verschwommenheit und Dehnbarkeit seiner Ideale mit zu umschließen vermag.*

Das Leben in einer Nische kann eng sein, man fühlt sich allein und verlassen – oder, wenn man Frieden schließt, ist es plötzlich der Raum, in dem man frei ist. Meine Therapeutin wies mich einmal zurückhaltend darauf hin: »Sie fühlen sich dort wohl und schreiben viel, oder?« Ja, das tue ich. In vielen Schreibenden lebt zugleich der Bildungsbürger mit dem Hang zu Anpassung, Klassikerlektüre, fester Bindung, Stabilität – und der Künstler, ein wilder und poetischer Charakter. In Harry Haller wertet der eine den anderen Seelenanteil ab, der Mensch fürchtet den Wolf, und der Wolf fürchtet die Domestizierung. In Hesses Roman wird der disharmonische Klang der inneren Saiten durch Humor geheilt ... über sich lachen können, über die Welt und die Menschen lachen! Eine Mentorin stellt ihm eine entscheidende Frage:

> *Wie kannst du sagen, du habest dir in deinem Leben Mühe gegeben, wenn du nicht einmal tanzen willst?*

Seit ich den Roman gelesen habe, versuche ich das: Mein inneres Kind, das bürgerliche Festanstellung, Eigentum und Sicherheit will, ist da, es lässt mich regelmäßig arbeiten und die Tugenden der Pflicht erfüllen (und das ist ziemlich nützlich fürs Überleben); und zugleich brauche ich eine Dusche mit Graffiti, ein wildes Girl, mit dem ich morgens schon zu den Beatles tanzen kann, Rockmusik und das poetische Leben. Dieser Seelenaspekt ist wie der Teil einer Fotografie von Bob Sala. Ich versuche, nicht mehr über den jeweils anderen Teil zu spotten, sondern rede mir seine Nützlichkeit erfolgreich ein. Sie ist vorhanden, man muss morgens aufstehen und arbeiten – *und* man muss tanzen. Meine Freundin, vom Sternzeichen Löwe, die immer viele Leben zugleich will, liebt beide Wesen in mir. Solange das so ist, kommt eine Stabilität von außen hinzu. Mir helfen andere dabei, gelassener zu werden; Liebe und Schönheit beruhigen mich. Es kann die Schönheit der Sprache sein, die Schönheit eines Buches, einer Schale Tee oder eines Menschen. Ich liege gern im Bett, lese noch, und hinter mir sitzt meine Freundin am Schminktisch und macht sich schick. Die Hunde schlafen, ein alter Plattenspieler reproduziert scheppernd Jazz aus den 1930er-Jahren. Mich kann ein solcher Moment völlig glücklich stimmen. Er könnte aus den Tagebüchern von Oscar A. H. Schmitz stammen: *Das wilde Leben der Boheme* (drei sehr zu empfehlende Bände!). Und ich möchte ein Leben, das in einem Buch vorkommen könnte – in gelingender Weise, mit allen Ängsten, aber am Ende hell und lebendig. Der Gelassenheit und lebensbejahendem Humor sind wir schon im Kapitel über den Tee begegnet. Sobald sich der Bildungsbürger und der Künstler bekämpfen, wird meine Kreativität blockiert. Ich habe dann »nicht genug Tee in mir« (oder nicht genug Rotwein), nehme mich und die Welt zu ernst. Es lohnt jedenfalls, sich die Zerrissenheit einzugestehen, wer nur *eins* und eindeutig sein will, wird unglücklich.

> *Bei jeder solchen Erschütterung meines Lebens hatte ich am Ende irgend etwas gewonnen, das war nicht zu leugnen, etwas an Freiheit, an Geist, an Tiefe, aber auch an Einsamkeit, an Unverstandensein, an Erkältung. Von der*

*bürgerlichen Seite her gesehen war mein Leben, von jeder solchen Erschütterung zur anderen, ein beständiger Abstieg, eine immer größere Entfernung vom Normalen, Erlaubten, Gesunden gewesen.*

Von einer anderen Warte aber gesehen entdecken wir den schöpferischen Menschen, für den die Kreativität eine Lebensform wird. Wenn ich oben schrieb, ich habe drei Lebensorte und daher kein Zuhause, dann ist das falsch (darauf wies mich ein mich liebender Mensch hin): Ich habe nicht kein, sondern *drei* Zuhause! Renée sieht das Sich-zu-Hause-Fühlen als eine Fähigkeit. Man kann sich in kleine Dinge an neuen Orten verlieben, und so beginnt man, Wurzeln zu schlagen.

Nach der Lektüre des *Steppenwolf*, den der Autor in einer heftigen Lebenskrise schrieb, fragte ich mich auch: Was soll das heute überhaupt sein, ein Zuhause? Es gibt ein Buch, das stellt sich dieser Frage. Der Autor tut es auf eine Art, die selbst ein Zuhause erzeugt. In der ocelot-Buchhandlung in Berlin bekam ich den langen Essay geschenkt, nach einer Lesung. Es ist eins der wichtigsten Bücher, die jemals zu mir fanden, es heißt schlicht: *Zuhause*. Daniel Schreiber begibt sich auf *Die Suche nach dem Ort, an dem wir leben wollen*. Der Autor schreibt persönliche Essays, in denen er seine Erfahrungen und Lektüren reflektiert, und er erreicht eine Tiefe, in der er universell Gültiges berührt. Ihm gelingt das in der Auseinandersetzung mit der Alkoholsucht in *Nüchtern*, und auch, wenn er über Susan Sontag schreibt, eine ihm seelenverwandte Autorin. In *Zuhause* stellt er die Grundfragen …

> *Geht es nicht darum, ein Leben zu führen, das mehr beinhaltet, als einsam durch die Welt zu gehen? Ein Leben, in dem man sich nicht verstecken oder weglaufen muss? Geht es nicht darum, einen Ort zu finden, an dem man sich eine Zukunft vorstellen kann? Darum, die verschiedenen Fäden des eigenen Lebens zu verbinden? Sollte es nicht darum gehen, die Splitter seiner selbst, in die man über die Jahre zerbrochen ist, einzusammeln und zu etwas Neuem zusammenzufügen?*

Sein Nachdenken entlang eigener Erfahrungen und angesichts der Denker:innen des Zuhauses ist selbst ein solches Einsammeln. Schreiber verfasst Texte, die man nicht nur lesen, sondern sich anverwandeln will. Sein Essay dehnt in mir die innere Geografie derart aus, bietet Landkarten und Wegweiser an, sodass in mir die Wurzeln zu sprießen beginnen. Verliebt in so einen Text, werde ich heimisch. Irgendeine Nische werde ich finden, Wurzeln schlagen kann man da, wo man geliebt und nicht infrage gestellt wird. Ich trage das Buch mit mir herum, und wenn ich vor meinem eigenen Leben Angst bekomme, schaue ich rein. Daniel Schreiber:

> *War das Gefühl des Zuhauseseins früher mit dem konkreten Ort verbunden, aus dem wir stammen, ist es heute eher mit einem imaginären Ort verknüpft, zu dem wir hinwollen.*

Bücher sind Orte der Imagination, wir betreten ihre Landschaften und lernen ihre Bewohner kennen. Wir nehmen diese Orte sogar mit auf Reisen. Meine Bahnfahrten unterscheiden sich nicht mehr in Hin- und Rückfahrt, sondern sie verbinden meine Zuhause. Meine Bücher und Schallplatten sind zwar verstreut, aber ich besuche alle regelmäßig.

Fürst Myschkin allerdings sitzt in einem Zug und befindet sich eindeutig auf der Rückreise. Er kehrt heim aus einem Schweizer Sanatorium und kommt im Winter in St. Petersburg an. Dostojewski hat viel Gespür für psychologische Abgründe; seine Figuren wandern oft am Abgrund, die Welt und die Seelen scheinen zu brennen – und zwischendurch kochen sie ihren ärmlich-dünnen Tee. Meist sind es heimatlose, getriebene Seelen.

> *Ende November, bei Tauwetter, gegen neun Uhr morgens, näherte sich ein Zug der Petersburg-Warschauer-Eisenbahnlinie mit Volldampf Petersburg. Es war so feucht und nebelig, dass es nur zögernd hell wurde; aus den Waggonfenstern ließ sich auf zehn Schritte rechts und links vom Bahndamm kaum etwas erkennen. (...) In einem der Waggons dritter Klasse fanden sich, als es zu tagen begann, zwei Reisende einander gegenüber, beide auf den Fensterplätzen – beide jung, beide so gut wie ohne Gepäck, beide nicht gerade elegant gekleidet, beide mit ziemlich bemerkenswerten Gesichtern und beide mit dem Wunsch endlich miteinander ins Gespräch zu kommen. Wenn beide gewusst hätten, was an ihnen in diesem Augenblick bemerkenswert war, dann hätten sie sich natürlich nicht gewundert, dass der Zufall sie sonderbarerweise (...) einander gegenüber gesetzt hatte.*

Bahnfahrten sind in der Literatur wichtiger als Autofahrten; das Auto ist das Kennzeichen des Bürgertums. Buchmenschen fahren mit dem Zug, Fahrrad, oder sie wandern. Patricia Highsmith beschreibt in einem Essay die große Bedeutung, die Schriftsteller den ersten Sätzen von Romanen beimessen – und an einem Beispiel von ihr lässt sich der Rhythmus des Bahnfahrens illustrieren. Ihre Geschichte *Zwei Fremde im Zug* nimmt einen mit auf die Fahrt:

> *Mit zornig-unregelmäßigen Stößen jagte der Zug durch das Land. Er musste jetzt öfter an kleineren Stationen halten, wartete einen Augenblick und stürzte sich dann von neuem auf die Prärie. Dass man vorwärtskam, war kaum zu merken. Wie eine leicht geschüttelte braunrosa Decke wellte sich die Prärie. Je schneller der Zug fuhr, desto übermütiger tanzten die Wellenlinien …*

In St. Pauli mit der Bahn anzukommen, an der S-Bahn-Station Reeperbahn, konfrontiert einen mit einer harten Wirklichkeit. Meist stinkt es, zerschundene Seelen geistern herum, Junkies, Verwirrte, Kranke, die Obdachlosen liegen auf der Straße im Elend. In meinem kleinen Wohnbüro wartet niemand auf mich. Ich zünde sofort eine Kerze an und drehe die Heizung hoch, lege Musik auf, die mir Kraft gibt – oft Johnny Cash. Die neun Bücher von Simone Buchholz um die Staatsanwältin Chastity Riley spielen im rauen Milieu vor meiner Tür. Ihre Kiez-Romane entführen in eine unbürgerliche Welt, und sie stellen ein ganzes Spektrum von sich begegnenden

Außenseitern vor. Man gesellt sich zu diesen Menschen, sitzt in portugiesischen Cafés, alten Eckkneipen und lernt Welten kennen, von denen viele nicht ahnen, dass es sie überhaupt gibt.

Wohin mit sich? Die Welt der Wohlstandsgesellschaften wird immer schicker, sauberer und glatter; Cafés und Bars sind auf Hochglanz renoviert und von jeder Atmosphäre befreit. Man bestellt über das Smartphone und kann nicht mehr bar bezahlen. Manchmal habe ich den Eindruck, in dieser Kälte dehnt sich eine Welt ohne Bücher aus. Das »Nichts« aus der *Unendlichen Geschichte* besteht heute aus Pixeln. Die Lebensläufe im Mainstream sind lückenloser und vernünftiger als jemals zuvor, kein Platz für paradoxe Geschichten. Erst die Bücher geben der Welt ihre Unwahrscheinlichkeit zurück, wir begegnen der ganzen Zersprungenheit des Lebens. Ich fühle mich in ihnen heimisch und kann sie, im Gegensatz zur virtuellen Welt, in der Hand halten.

Aus dem bürgerlichen Käfig kann man entkommen, wenn man in einen guten Roman flüchtet. Hier gibt es noch Festnetztelefone mit Drehscheibe, man irrt ohne GPS durchs nächtliche Paris, in dem die Straßen nicht von hässlichen Autos, sondern von Pferdefuhrwerken verstopft sind und wo Paare nach dem Sex im Bett liegen und rauchen. Wenn man will, gibt es Zauberer, Drachen und Geister. Die Protagonisten wissen nicht alles und überschätzen sich nicht, sonst kämen sie zur Strafe in keinem Buch mehr vor. Sie leiden an »all dem«. Um das bürgerliche Leben zu verlassen, muss man nicht unter einer Brücke wohnen. Man kann den bürgerlich-angepassten

Rahmen verlassen, das Formbewusstsein aber beibehalten. Man kann, um ein zu enges Leben hinter sich zu lassen, lesen. Das war immer ein Antrieb: sich in Welten zu begeben, die anders sind, Biografien zu folgen, die sich gewollt oder ungewollt verirren. Über diese Bewegung hat die amerikanische Essayistin Rebecca Solnit ein bestechendes Buch geschrieben; sie übt sich in der *Kunst, sich zu verlieren.* Es fiel in meine Hände als überraschendes Geburtstagsgeschenk von Florian Valerius – eine Fügung! In der rationalen Welt ist es nicht mehr einfach, sich zu verlieren; aber es gibt auch heute noch konstruktive Varianten, das bürgerliche Leben zu verlassen.

> *Die Frage also ist, wie man sich verirren soll. Sich nie zu verirren heißt, nicht zu leben, nicht zu wissen, wie das In-die-Irre-Gehen einen in den Untergang führt, und irgendwo in der Terra incognita dazwischen liegt ein Leben voller Entdeckungen.*

Das Leseleben wird schillernd und bunt durch verlorene Flaneure wie Walter Benjamin, durch offene Denkerinnen wie Joan Didion oder durch die, die uns neue Welten zeigen. Charles Bukowski war lange ein Autor, den ich ablehnte, weil mir alles bei ihm zu vulgär erschien. Ich lese, um mich zu sensibilisieren, nicht, um abzustumpfen. Ich glaube: Womit wir uns beschäftigen, das wächst in uns – also ist Vorsicht geboten. Will man hinab in den Morast? Aber Bob Sala, der belesene Fotograf, hat sogar Bukowskis Unterschrift auf den Unterarm tätowiert! Da ich seine Fotografien liebe und sein außergewöhnlicher Literaturgeschmack mich immer wieder inspiriert, ließ ich mich endlich auf Bukowski ein. Meine Platten- und Buchhändler bei Minigroove auf St. Pauli sind ebenfalls große Bukowski-Fans, ich kaufte mir dort drei alte Taschenbücher und begann zu lesen. Ich fand plötzlich immer mehr außergewöhnliche Menschen, die in Bukowski einen Leitstern sehen. Gerade in amerikanischen Büchern werden Existenzmodelle reflektiert und entworfen; Bukowski thematisierte gern *Erections, Ejaculations, Exhibitions and General Tales of Ordinary Madness*, wie eins seiner Bücher betitelt ist. Es sind immer *Aufzeichnungen eines Außenseiters*. Etwas in Buchform in der Hand zu halten gibt dem Geschilderten eine gewisse Autorität, vielleicht sogar Existenzberechtigung. Das Erzählte holt die Ereignisse ans Licht. Und ein ferner, vielleicht verstorbener Geist flüstert einem zu: Du bist nicht allein, ich habe es nicht umsonst durchlitten, sondern ich erzähle davon! Das Zur-Sprache-Bringen erzeugt eine Welt, die nicht mehr zu leugnen ist. Und die Welten, in die Buchmenschen sich begeben, bieten oft eine Heimat für die, die anders sind. Seelenverwandtschaft durch Lesen ist ein Gefühl, das die eigene Verlorenheit heilen kann. »Ich glaube, eine Sache ausdrücken heißt, ihre Kraft bewahren und ihr den Schrecken nehmen«, schrieb Fernando Pessoa im *Buch der Unruhe*. Und viele der Schrecken und zugleich ihre Überwindung finden sich in den Texten Bukowskis. In seinem Gedicht *Bluebird* blickt er in die Seele der Kreativen:

*there's a bluebird in my heart that*
*wants to get out*
*but I'm too tough for him,*
*I say, stay in there, I'm not going*
*to let anybody see*
*you.*

Wer anders ist, wer Feuer in sich hat, der kennt die Angst, sein gesichertes Leben zu verlassen. Und wer es verlassen hat, der mag vielleicht sogar gut klarkommen – aber die Angst bleibt. Die Bücher bleiben allerdings auch, und sie helfen gegen die Angst. Wir sehen die Welt, ihre Kunstschaffenden und ihre Schönheit. Sich ihr hinzugeben bedeutet, sie zu lesen. Es ist für den Buchmenschen die Aufgabe, weiter zu gehen. Man widmet sich einem Buch, aber das Lesen geht darüber hinaus. Ich wollte nie, dass das gute Leben nur zwischen Buchseiten stattfindet, deshalb suche ich in den Büchern die Ausweitung des Lebens, ich suche das »Land der Lebendigen«, wie es im Psalm 27 heißt. Ich suche Ermutigung und Warnung, andere Zeiten und Orte. Aber alles soll in meinem eigenen Leben eine Resonanz bekommen; es ist gut, eine gewisse Intoleranz zu haben und radikal zu leben. Auch Bukowski ermutigt ...

*if you're going to try,*
*go all the way.*
*there is no other feeling like*
*that.*

*you will be alone with the gods*
*and the nights will flame with*
*fire.*

Der enge Kontakt mit den Anderswelten der Bücher hat seinen Preis, man atmet frische Luft, lernt aufregende Menschen kennen. Sind Romane daran schuld, dass ich heute in einem Nebenraum eines Szenecafés auf dem Boden schlafe, umgeben von Schallplatten und Büchern? Sich in der Sprache verankern, sich den Schutzumschlag wärmend ums Handgelenk wickeln, mit dem *Steppenwolf* melancholisch die alte Treppe hinauf ins Dachzimmer gehen. Wir begegnen nicht nur Sonderlingen, sondern teilen unsere Gedanken mit Menschen, die sich zurückziehen und schreiben. Über das, was sie erlebt haben, und das, was sie gern erleben würden. Über Ereignisse, von denen niemand hören will, und gegen das Verdrängen und Vergessen. Deshalb lesen die Bösen nicht, deshalb wollen sie verbieten und verbrennen. Deshalb hassen die Bösen jede Form von geistigem oder geografischem Nomadendasein. Lesen kann beruhigen und klären, es kann verführen und berauschen. Die Dosierung ist jedem selbst überlassen, in jedem Fall wird es aber Rückenwind erzeugen für die Richtung, die Sie einschlagen – auf die Auswahl kommt es an.

Ich habe meine Tätigkeit als Amanuensis mit einem Zitat von Alan Bennett begonnen, der die englische Queen *Die souveräne Leserin* sein lässt. Wohin führt der Weg in die Tiefen des Lesens? Er führt zur Erkenntnis, dass in der Kunst alles möglich ist, hier wird der Tod überwunden. Egal ob wir jenseits oder diesseits des Todes lebendig sind oder nicht, gute Lektüre hat Folgen. Die Queen gibt, inspiriert durch ihre Vorliebe für die Literatur, schließlich ihr adeliges Amt auf und kehrt auf die Erde zurück. Der Buchmensch kann durch das Medium, dem er sich hingibt, unliebsame Welten verlassen. Das wird auch die Welt, auf die sich die Buchstaben beziehen, schöner, aufregender und besser machen. Mit jedem Buch betritt man eine neue Welt, eine reale Welt.

Wir sind am Ende allein – aber wir haben unsere Bücher. Und da wir nicht als Einzige so empfinden, sind wir verbunden mit anderen Buchmenschen. »Du ringst um die Einzelteile deiner zerborstenen Geschichte«, schreibt der Musiker Nick Cave. Was wir in den Büchern finden, hilft uns, die eigene Geschichte in der Vielzahl der anderen heimisch zu machen und so die Einzelteile wieder zu verbinden. Bücher verbinden unsere Wunden, und sie verbinden uns mit anderen. Sie weisen den Weg nach innen und nach außen. Was werden Sie als Nächstes lesen?

*Alles, was der Mühe wert ist, ist in*
*gewisser Hinsicht subjektiv.*
Vladimir Nabokov

# Dank-
sagung

Nach meinem ersten Roman wollte ich ein unsachliches Sachbuch, einen essayistischen Liebesroman mit anderen Mitteln, also ein Buch über meine Bücher schreiben. Gattungsbezeichnungen stehen meist im Weg: Die Kapitel dieses Buches sind Briefe an Menschen, die ich liebe.

Huyen Truong hat nun das dritte und hoffentlich nicht das letzte Buchcover mit Hornblut gestaltet, und ich danke den Verleger:innen, die das ermöglicht haben. Huyen hat aber auch das Entstehen der Idee zu diesem Buch begleitet und es mit inspiriert. Ihre akribischen Rückmeldungen auf den ersten Teil des Textes haben mich ermutigt. Ihr und Linh gilt daher mein Dank! Ihre Arbeit betrifft nicht nur die Oberfläche des Umschlags; gute Gestaltung erzeugt eine Tiefenästhetik und macht »Form und Inhalt zu Freunden«, wie Jenna Gesse es ausdrückt. Jenna verantwortet den wohlgesetzten Innenteil des Buches, und ihre gestalterische Arbeit ist für mich auf vielen Ebenen eine andauernde Inspiration. Sie lesen also, wenn wir den Begriff des Lesens weiter fassen, ein Buch von mindestens drei Menschen. Oder vier: Ada Romanova hat dieses Buch illustriert. Sie geistert durch meinen Roman *Die Schönheit der Begegnung* und ist eine der schönsten Begegnungen meines Lebens. Ich bewundere sie als Künstlerin, Musikerin,

Illustratorin, Tätowiererin, als Familienmitglied und Freundin mit bedingungsloser Liebe. Dass meine Buchstaben zusammen mit ihrem Strich nun als Buch erscheinen, das macht mich glücklich. Ada, ich danke dir.

Es gibt viele Musen: Meine Buchhändler:innen und die letzte LP in meiner Sammlung aus dem Minigroove Recordstore, der Franzose im Weinladen, das neue Buch von Nick Cave, mein Parker 51 und der Pelikan M400, meine Literaturagentin Caterina von Copywrite, die Spaziergänge mit Dominique Pleimling über den Melaten-Friedhof in Köln, die Worte, Bücher und sonnige Energie von Melanie Raabe, Ole Lödings Sprachnachrichten und Briefe, Maria-Christinas, Florians und Mareikes Buchtipps, die ganze Welt bei cohen & dobernigg in Hamburg, Céline Meiners motivierender Rat, die Mittagessen im Studio Komplementär (Köln). Auch Catherine Marten soll sich bedankt fühlen. Schuanas und Sarahs Lektüren und Texte inspirieren mich. Mein Doktorvater Winfred Kaminski versorgt mich laufend mit Feedback, Briefen, Anregungen; eine permanent meine Belesenheit erweiternde Erfahrung. Dank ihm ist neben meine Leidenschaft für die Beatles inzwischen eine ebenso große für die Rolling Stones getreten! Auch Ernst Hofacker und seine Bücher sind Teil dieser Geschichte.

Geschrieben ist dieses Buch an verschiedenen Orten der Schönheit. Mein Wohnbüro im Kandie Shop auf St. Pauli verantwortet die meisten Buchstaben. Kerstin Rose, die Kandie Gang und die Wohlwillstraße erzeugen eine Atmosphäre, die zur Kreativität geradezu zwingt. Dazu gehören Anna, Ralf und Jule, Aga, Eliza, Anna-Sophia, Ana und andere. In unmittelbarer Nähe von Karen Köhler und Simone Buchholz schreiben zu dürfen fühlt sich gut an. An allen Orten, an denen ich schreibe, hängen die Fotografien von Bob Sala; er und June sollen herzlich bedankt sein. Dass sie eine ganz besondere Rolle spielen, das wissen sie.

Durch eine unterdunkelte, lebensverzweifelte Situation half mir ein Busfahrer in einer eisverregneten Winternacht. Er fragte mich am späten Abend, ob er mich direkt vor der Tür absetzen solle, dann müsste ich nicht noch durch die Kälte laufen – er hätte seine Wegstrecke dafür verlassen. Ich kenne den Mann nicht persönlich, aber ich danke Gott für sein Angebot. Im rechten Augenblick rettete ein Engel meine Welt. Es sind drei Engel. Neben dem Busfahrer wandern Alisa und Renée durch mein Leben, durch meine Kreativität, und es ist nicht auszudenken, wie Weihnachten und Silvester ohne sie verlaufen wären, da lagen noch drei wichtige Kapitel vor mir. Aber ich muss keine Welt ohne sie denken. Sie sind da, immer. Wir werden uns nie los. Es ist Hingabe.

Die letzten beiden Kapitel würde es ohne Renée Patricia in dieser Form nicht geben. Wie es ist, neben ihr wach zu werden! Weihnachten und Silvester 2020/21 allein zu sein, sich aber dennoch heimisch zu fühlen, dies hatte großen Einfluss auf mein Schreiben. Ich bin ihr zu Dank verpflichtet. Wir haben Partnertattoos mit Patti Smith, sie ist schließlich unsere Mutter. Ihr gerecht zu werden, bleibt eine Herausforderung.

Buchmenschen sind mir nah, ich liebe sie von Herzen und ihnen ist dieses Buch gewidmet. Auch Nina K. ist dieses Buch gewidmet. Ich will euch weiterhin zum Lesen verführen, wie ihr mich. Zum Lesen, Leben und Lieben. Unser Verhältnis zu den Büchern ist polyamor. Viele von euch schreiben die heilsamen Geschichten meines Lebens – hört damit bitte nicht auf.

1 Jasmin Schreiber: Marianengraben. Lew Tolstoi: Anna Karenina. Lew Tolstoi: Krieg und Frieden. Vladimir Nabokov: Maschenka. Fjodor Dostojewski: Der Idiot. Bram Stoker: Dracula. Melanie Raabe: Der Schatten. Sylvia Plath: Die Glasglocke. Ray Bradbury: Fahrenheit 451. Johann Wolfgang von Goethe: Italienische Reise. Annie Ernaux: Die Jahre.

2 Nino Haratischwili: Das achte Leben (Für Brilka). Hanya Yanagihara: Ein wenig Leben. Han Kang: Die Vegetarierin. Zadie Smith: Von der Schönheit.

# 101 Bücher meines Lebens

(alphabetisch nach Autor:innen)

Das Wichtigste an einem Buch ist, dass ich es an mir erlebe, dass es nicht nur mein Lesen, sondern mein Leben tangiert. Es war daher leicht, einige zu benennen, die bleiben. Für den romantischen Buchmenschen gilt: Sein Charakter ergibt sich aus dem Durchschnitt der Bücher, in die er sich verliebt hat.


A

Adorno, Theodor W.: Kritische Modelle.
Arendt, Hannah: Eichmann in Jerusalem.
Assmann, Aleida: Arbeit am nationalen Gedächtnis.
Augé, Marc: Nicht-Orte.
Auster, Paul: 4 3 2 1.

B

Barrie, J. M.: Peter Pan.
Beigbeder, Frédéric: Der romantische Egoist.
Bernhard, Thomas: Der Untergeher.
Blixen, Tania: Babettes Fest.
Bolaño, Roberto: 2666.
Brontë, Charlotte: Jane Eyre.

C
Camus, Albert: Der Fremde.
Camus, Albert: Der Mensch in der Revolte.
Chandler, Raymond: Der große Schlaf.
Cocteau, Jean: Kinder der Nacht.
Conrad, Joseph: Das Herz der Finsternis.
Cortázar, Julio: Der Verfolger.

D
Dahl, Roald: Matilda.
Dahmen, Tobi: Fahrradmod.
Davis, Miles: Autobiografie.
Dickens, Charles: Große Erwartungen.
Doderer, Heimito von: Die Dämonen.
Dostojewski, Fjodor: Der Idiot.

E
Eliot, George: Middlemarch.
Ende, Michael: Die unendliche Geschichte.
Ernaux, Annie: Die Jahre.
Espedal, Tomas: Gehen.

F
Faulkner, William: Wilde Palmen und Der Strom.
Foer, Jonathan Safran: Tiere essen.
Foucault, Michel: Die Heterotopien.

G

Gaiman, Neil: Niemalsland.

Grass, Günter: Die Danziger Trilogie.

H

Haratischwili, Nino: Das achte Leben (Für Brilka).

Herrndorf, Wolfgang: Arbeit und Struktur.

Hesse, Hermann: Der Steppenwolf.

Highsmith, Patricia: Erzählungen.

Hustvedt, Siri: Was ich liebte.

I

Inoue, Yasushi: Das Jagdgewehr.

J

James, Henry: Die Drehung der Schraube.

Jansson, Tove: Die Mumins.

Jaspers, Karl: Die geistige Situation der Zeit.

Johnson, Uwe: Jahrestage.

K

Kafka, Franz: Tagebuch.

Kaléko, Mascha: Gedichte.

Kermani, Navid: Dein Name.

Keun, Irmgard: Nach Mitternacht.

King, Ross: Zum Frühstück ins Freie.

King, Stephen: Das Leben und das Schreiben.

Kleist, Heinrich von: Erzählungen.

Klüger, Ruth: Frauen lesen anders.
Klüger, Ruth: weiter leben.
Kronauer, Brigitte: Teufelsbrück.

L

Lindgren, Astrid: Die Brüder Löwenherz.
Löding, Ole / Krohn, Philipp: Sound of the Cities.
Louis, Édouard: Das Ende von Eddy.

M

Mann, Heinrich: Die Jugend und Vollendung des
Königs Henri Quatre.
Mann, Thomas: Der Zauberberg.
Marcus, Greil: Die Geschichte des Rock 'n' Roll in zehn Songs.
McCann, Colum: Die große Welt.
McCullers, Carson: Das Herz ist ein einsamer Jäger.
McEwan, Ian: Saturday.
Milne, Alan Alexander: Pu der Bär.
Mishima, Yukio: Der Goldene Pavillon.
Morrison, Toni: Jazz.
Murakami, Haruki: 1Q84.
Murakami, Haruki: Von Beruf Schriftsteller.

N

Nabokov, Vladimir: Lolita.

O

Okakura, Kakuzō: Das Buch vom Tee.

P
Perec, Georges: Träume von Räumen.
Pessoa, Fernando: Das Buch der Unruhe.
Poe, Edgar Allan: Der Untergang des Hauses Usher.
Proust, Marcel: Auf der Suche nach der verlorenen Zeit.

R
Reimer, Arne: American Jazz Heroes.

S
Said: Psalmen.
Sartre, Jean-Paul: Der Existentialismus ist ein Humanismus.
Schafer, Robert Murray: Die Ordnung der Klänge.
Schöpf, Alois: Glücklich durch Gehen.
Sebald, W. G.: Schwindel. Gefühle.
Simenon, Georges: Die Katze.
Sōseki, Natsume: Der Bergmann.
Sōseki, Natsume: Kokoro.
Smith, Patti: Just Kids.
Smith, Patti: M Train.
Smith, Zadie: Von der Schönheit.
Stoker, Bram: Dracula.
Storm, Theodor: Hans und Heinz Kirch.
Suzuki, Shunryū: Zen-Geist Anfänger-Geist.

T
Tanizaki, Jun'ichirō: Lob des Schattens.
Thelen, Albert Vigoleis: Insel des zweiten Gesichts.

Thomas, Dylan: Erzählungen.
Tokarczuk, Olga: Gesang der Fledermäuse.
Tokarczuk, Olga: Unrast.
Tolstoi, Lew: Anna Karenina.
Tschechow, Anton: Die Dame mit dem Hündchen.

V
Voskuil, J. J.: Das Büro.

W
Wallace, David Foster: Das hier ist Wasser.
Wense, Hans Jürgen von der: Von Aas bis Zylinder.
Wilde, Oscar: Das Bildnis des Dorian Gray.
Woolf, Virginia: Orlando.
Woolf, Virginia: Ein eigenes Zimmer.
Wsewolod, Petrow: Die Manon Lescaut von Turdej.